山内健司

●●

寝苦しい夜の猫

扶桑社文庫
0806

文庫のはじめにゃ

ちょっと年月が経ったから、そのちょっと年月が経ったとこの話も今回足して、また本にしたにゃー。

吾輩、にゃんじはまだ生きてるけど、最初に本を出したときに一緒にいた、『のび太』、『モカ』、『チャイ』は虹の橋を渡ったにゃー。

今は吾輩と『がぶ』と新しい家族、犬の『むぎ』と一緒だにゃー。

2、3年って短い時間のように思うけど、本当にいろいろなことが起きるのに十分すぎる時間だにゃー。

山内がどんな人生を歩んできたのか、しっかり読んでくれにゃー。

にゃんじ

はじめにゃ

吾輩は猫であるにゃー。
名前はまだにゃいと言いたいところだけど、『にゃんじ』という名前があるにゃー。

今、吾輩はかまいたちの山内と一緒に住んでるにゃー。2017年から一緒に住んでるにゃー。
山内家には吾輩の他に、『のび太』、『がぶ』、『モカ』、『チャイ』と先輩猫が4匹いるにゃー。

今日は、そんな先輩猫たちから聞いた昔の山内、吾輩が見てきた山内、山内嫁が言ってた山内の話を語ろうと思うにゃー。

知ってることすべて語るからあとで山内に怒られるかもにゃーー。
でも、そんなことは知らにゃいにゃー。語ると決めたにゃー。M-1のことや、キングオブコントのこと、山内嫁と出会ったこと、それまでの女関係のこと、etc……すべて語るにゃーー！

吾輩は猫だから、なんか言われても可愛く「にゃー」言うだけにゃー。
あとは知らんにゃー。
というか久しぶりに〝etc〟って聞いたよにゃ？　みんな知ってるにゃ？
〝エトセトラ〟にゃ？　不思議な言葉だにゃー。

それはさておき、早速語るにゃー。

にゃんじ（2020年12月）

もくじ

第1夜

波乱含みの予感を胸に、最後のM-1決戦を待つ夜

2019年のM-1、あいつはだいぶ緊張してたにゃー。
家で吾輩をなでることで落ちつこうとしてたもんにゃー。
「がんばるわな」ってしゃべりかけてきたにゃー。
……吾輩は「知らんがにゃ」って、思ったにゃー。

2019年12月22日（日）午後7時30分

僕たちは何も言葉を交わさず、もう一か八かの気分で舞台の立ち位置へと走った。かまいたちにとって最後のM-1グランプリ[※1]、その決勝戦はすでに始まっている。ちょっと早い2番手だが、そんな心配はどうでもいい。実は、つい今さっきまで濱家《はまいえ》はほとんど声を発することができず、この舞台で果たして本当にネタを演じきれるのかさえ、ま

ったくわからない状態だったのだ。

今日ここで演じるネタは、『USJ、UFJ』。絶対いける自信はあった。……濱家の声が出さえすればだが。もうここは、運にかけるしかなかった。観客席からは、今まで聞いたことのないほどの大きな拍手の音と声援が響き渡り、僕たちのネタが始まるのを待っている。

「どうも、かまいたちです。よろしくお願いします！」

二人でそうあいさつしたとき、濱家の声は僕よりもずっと大きく響いたように感じた。

「声が出た！」

平然としたふりをしていたが、本当はかなり安心したのを覚えている。

あとはもう何も考えずに突進した。

4分のネタが終わった瞬間、思ったのは、「やりたかった漫才がついにできた！」だった。

会話はしていないが、おそらく濱家も満足いく出来だったと思う。たぶん、普段の山内と濱家がしゃべってる雰囲気だからこそ生まれる面白さを、みんなに感じてもらえたはずだ。

これで3位以内に入らなかったら仕方ないとしか言えない。それくらい満足のいくネタができた。審査のときの上沼さんや松本さんの感じを受けて、僕的には優勝する流れに入ったなと思った。コメントもベタぼめだったし、点が低くなりがちな2番手としては破格の得点で、「これは流れがきたな」と心の中でガッツポーズしまくりだった。『かまいたち』結成以来、この感じをずっと目指してやってきて、今日ここでやっと実現できたと思った。

……だけど、聞こえてきたのは、「**優勝はミルクボーイ！**」のアナウンスだった。

もともと、僕はもう、2019年のM-1に出る気はなかった。

というのも2018年の出場時に、これで最後にしようと2人で決めていたからだ。

そこで負けはしたものの、満足いくネタができていた。僕の中では十分に、「かまいたちの漫才は面白い」と世間に知れ渡ったはず、と思っていた。ところが事態は急変した。最初は濱家も同意していたのに、3、4月あたりから「ラストイヤー[※2]やし、やっぱり出たい」と言ってきたのだ。

「僕らはすでにM-1ドリームの恩恵は受けている、これ以上出ても何も変わらない。つまりこのM-1というステージはもう終わりで、かまいたちは次のステージにいくタイミングだ」、「もう僕らが出る必要はない。僕らが面白いのは世間の人にわかってもらえてるから、もう出なくていい。次のステージをがんばろう」と何度も丁寧に説明したが、濱家の意思は固く、隙あらば「出よう、出よう」と言ってきた。

2018年のM-1のネタ、僕は自分の見せたかったことを表現できた。結果こそ伴わなかったが満足していた。しかし、濱家はネタでの自分のテンポや表情など、いろいろ満足できないところがあったらしい。何より、かまいたちの面白さが伝わっていないと感じていたそうだ。

濱家があまりにしつこく頑《かたく》ななので、僕はまったく納得しないまま、正直、しぶしぶ出ることを決めた。繰り返し言うが、だってもう僕たちは次のステージにいる、今またM-1に出るってことは、ひとつ前のステージに戻るってことやん、それって……（長くなるのでやめとこう）。僕が最後まで渋ったせいで、出場を決めたのはエントリー受付の最終日だった。

僕のM-1の歴史について少し振り返ってみる。

実は濱家と『かまいたち』として出場する前、NSC在学中に一度出場したことがあるのだ。コンビ名は『エルゴノ』。なんと僕がツッコミで、漫才をやった。相方は地元島根にいた頃から仲良しの面白い友達で、僕から「M-1出よう」と誘い、2人でネタを考え、そいつにボケをしてもらい出場した。あとで触れるが、NSC時代、僕はほぼピンで過ごし、同期に友達や仲間もいなかったため、彼を誘うしかなかったのだ。

もちろんすぐ敗退した。

ツッコミをしたことがなかった僕は、「なんでやねん」とか言うのが恥ずかしくてめちゃくちゃ小声になっていた。「もうええわ」のときは恥ずかしすぎて下を向いて、袖のほうにはけながら言っていた。ウケるわけがない。そもそも、誰も僕たちのネタを聞き取れていない。

そんな照れ屋の大学生レベルの状態で出場した初めてのM-1。決勝なんて遥か彼方、夢のまた夢の世界だ。だからこそ、僕の中でM-1優勝は〝売れる〟というわかりやすすぎる大チャンスの象徴になり、憧れや思い入れはいっそう強くなった。

1年後の2004年、僕は『かまいたち』として再びM-1に挑んだ。濱家とコンビを組んで初めて出場したM-1、確か僕は箸を持って漫才をしていた。箸を持ってですよ。漫才ですよ。面白いわけがない。2回戦までいったが、1回戦で落ちなかったのが不思議なくらいだ。全然ダメ。今思うとゾッとするが、2人ともそれが攻めてて面白いと信じ込んでいた。

先に進めなかった僕たちは、テレビで決勝戦を見た。いきなり準決勝まで行き、敗者復活戦でも画面に映った同期たちの姿を見て、悔しいというよりは「すげーすげー」と思った。それだけ、当時の僕たちにとってM-1で勝ち抜いていくことは厳しく、遠く、すげーものだった。

だから翌年、僕たちが準決勝まで行ったときは、「これでもう売れた!」と思った。「これでかなり注目されるのでは? 注目されるはずや」と。

しかし実際はそんなことはまったくなかった。やはり最低決勝まで行かないと全国の人に知ってもらえない、そんな印象だった。とはいえ、コンビを組んで2年目で準決勝まで行けたので、いいすべり出しだったと思う。手応えを感じまくりのこの勢いで、決勝にはすぐ行けるだろうと考えていた。まさか決勝までの道のりが、ここまで険しいものだったとは。

M-1はほんまに厳しい。激戦すぎる。イヤになるくらいハードルが高い、だからこそ優勝したらM-1ドリームが待っているのだけれど。

話を戻そう、2019年の秋のこと。

しぶしぶ……とは言ったものの、出る以上は当然優勝を目指す以外にない。僕もスイッチが入り、M-1に向けて急ピッチでがんばりだした。通常1年かけてネタを仕上げるところを、3か月ちょっとで仕上げなければならないのだ。

とくに大変だったのは準決勝でのネタ。準決勝までネタを温存してネタバレなしの状態でやるというのは、最近のM-1決勝への法則だった。

昨今のM-1において、強いネタ一本だけで準決勝までを勝ち抜き、決勝進出を果たすのはかなり厳しい。なぜなら強いネタであればあるほど、「今年の誰々のネタ面白いらしいよ」とウワサになり、ネットで先に見られたりしてネタバレになってしまうからだ。準決勝に来る鬼コアなお客さんはほぼ全員、そのネタを知っている状態で戦わないといけなくなる。

だからこそ、2回戦3回戦などは同じネタで通し、準決勝ではみんなが初見のネタで大爆発を起こして決勝に進む、というのが常勝の法則だった。僕たちはそのセオリー通り、2回戦3回戦、準々決勝は同じネタで無難に通過し、予定通り準決勝までネタを温存できた。

温存したネタは『お酒飲める人飲めない人』。

しかし、準決勝でやったのは、『となりのトトロ見たことない』というネタだった。

こう決まるまでには、すさまじいドタバタがあった。

エントリー時点で、準決勝のネタは、その年の単独ライブでやって手応えのよかった『お酒飲める人飲めない人』にしようと2人で決めていた。初戦から準々決勝までのネタはなんとかいけそうなので、日数もないし準決勝でやる予定のこのお酒のネタをすべての舞台でブラッシュアップしていった。

そして無事に準決勝進出を決め、10日後に準決勝を控えたある日、濱家がとんでもないことを言い出した。「お酒のネタはちょっと弱い気がするからネタを変えよう」と。

「何言うとんや!?」

確かに、お酒のネタは爆発的にウケるものにはなっていなかった。ただ、うまくいけば決勝にはいけるかな、くらいのレベルにはあったとは思う。だからこそ残された日数的にも、「これで勝負するしかない」と2人で決めて、懸命にこのネタのブラッシュアップに努めてきた。

なのに、そのネタを準決勝の10日前に捨てる？？？　僕の中では考えられなかった。しかし、「このネタでは危ない」という濱家の意思は固かった。

ネタをメインで書いている側の僕としては、どうしても自分の書いたものだから面白い、という気持ちが入ってしまいがちだ。そしてとにかく時間がない。濱家も十分わかっていただろう。それでも大きな覚悟をもって、「やはり面白くない、変えたい」と言ってきたのだ。

濱家のネタに対する情熱は今までもすさまじいものがあったし、ネタを客観視する力は信頼できる――。次第に僕も「そうかもな」という気になってきた。

そんなわけで、僕たちは準決勝10日前にして勝負ネタを捨てた。

ラストイヤーの一番大事な準決勝10日前にして、かまいたちは一旦空っぽになった。

さあ、どうするか。お酒ネタの代わりに用意しているものはまったくなかった。かといって今から新ネタを作るのは時間的に絶対に無理。悩みながら浮かんできたのは、2018年のM-1準決勝のネタ候補だったが結局仕上がらずにやめた『トトロ』だった。

このネタは2018年の単独ライブ用に作ったものだった。このネタが浮かんだときには正直「絶対M-1でいける」と思ったくらい気に入っていて、単独のネタ合わせでも2人でケタケタ笑いながらやっていたくらいだった。単独ライブで思ったより反響がなかったものの、まずまずのウケだったのでここからブラッシュアップしてM-1につなげるつもりだった。

……しかし、通常の舞台でこのネタをやったところ鬼すべり。まったくウケなかった。何回か修正してみたが全然ウケないので、たまにある『自分たち的に面白いのにダメなネタ』としてあきらめて、M-1ではやらなかった。

1年前には直しても直してもウケなかったけど、それを今の僕たちならお客さんに伝わるように修正できるかもと思い、次の日の舞台までに直してやってみることにした。

1年ちょっとのときを経て、『トトロ』ネタをやってみたところ――**ウケた。**

爆発的にではないが、M-1で通用するネタ特有のよい感じのウケ方を1回目から感じられた。いい感じのウケ方とは、変なところで笑いが起きるのではなく、大声を出したところだけウケるでもなく、自分たちが面白いと思ってるメイン部分はもちろん、さりげない部分でもしっかりじわじわ笑いが起きる、そんな感じだ。

1回やってみて僕たちの意見は一致して、残りの準決勝まで数少ない舞台は、すべて『トトロ』をやった。急ピッチではあるものの準決勝までになんとか形になり、75点くらいの完成度までもっていくことができた。そして準決勝、ネタを終えて「ギリギリ決勝には残れるかな」くらいには仕上がっていた。実際、ネタはウケてはいた。

……ただし、ウケてはいたものの、僕たちのひとつ前の出番がなんと、奇しくもミルクボーイだった。準決勝でもミルクボーイがズバ抜けてウケていた。

僕たちは他のコンビのネタは一切見ていなかったが、出番のひとつ前なのでたまたまミルクボーイのネタだけ袖で見ていた。そのときは、のちのM-1優勝ネタなんて思ってもいないので、彼らがものすごくウケていても「今回のM-1はみんなそれくらいウケているのか」程度だった。

だが、次に僕たちが漫才を始めたら、ウケてはいたものの、抜群の手応えというわけではなかった。ミルクボーイのウケ方とは圧倒的な差があったのだ。

そのときようやく、現状75点の完成度である『トトロ』ネタを決勝までに仕上げないと勝てないなと悟った。

それから決勝までの間、僕たちは自分でも驚くくらいのやる気で『トトロ』ネタのブラッシュアップに励んだ。前々日には100点と思えるくらいまでに。

……しかし、かまいたちはまたもや、大ピンチを迎える。ネタのクオリティがどうこうよりも、何よりも、決勝2日前に、濱家の声が出なくなってしまったのだ。

決勝戦前日のスケジュールはこんな感じ。

●12月21日（土）

07:20　東京駅発のぞみ205号

09:50　新大阪駅着後、車両移動

10:40　四條畷《しじょうなわて》市市民総合センター入り

▼お笑いライブ@四條畷　①11:10―11:14

▼祇園《ぎおん》2ステ　①12:30―12:35　②15:30―15:35
▼漫才劇場2ステ　①17:15―17:20　②18:15―18:20

関西で5ステージ。ネタが5回できる。普通ならM-1でやるネタの練習ができてうれしいところだが、今回は事情が違う。濱家の声はカスカスで、日常会話もままならない状態だ。本人曰《いわ》く、3日前に高熱が一瞬出て、それが治ったら今度は声が出なくなっていたらしい。

こういう仕事をしていると、たまにのどの調子が悪くなり声が出なくなることがある。僕も何回かあった。だが、濱家がのどの調子を悪くするなんて今までまったくなかった。それがよりによってM-1決勝戦の直前に起こるなんて。かなり焦ったし、僕たちを勝たせたくない何かの力が働いてるのでは、とすら思ってしまった。

しかしこうなった以上、濱家ののどに回復してもらうしかない。僕も何度も経験しているからわかる。のどが悪いときの対処法はひとつだけ、『とにかく声を出さない』ことだ。

とはいえ、仕事に穴を開けるわけにはいかない。いきなり他の人に出番を代わってもらうのはかなり難しかったが、無理を言ってステージ数を減らしてもらい、出演時間も短くしてもらった。

本当なら直前の最終テストも兼ねて、どの舞台も決勝ネタでいきたいところだったが、ほぼ僕がしゃべるだけでいいネタに変更して、さらにマイクのボリュームを上げ、濱家がウィスパーボイスツッコミでもいいようにしてもらった。結局、決勝でやるネタは、その日最後の舞台で1回だけ小声で試した。これが、最後のネタ合わせになった。

思い起こせば、2016年のキングオブコント[※3]の決勝の前日は僕の声が飛んだ。

前日のリハーサルの最中に急に声が出なくなり、リハーサル中断。そのままホテルに戻り、とにかく声を出さないようにして決勝ギリギリまで黙っていた。

そのとき、同じく決勝に残っていたしずるの村上が僕の話を聞きつけて、持っていたのどの薬を分けてくれた。おかげで声が出るようになって助かった。ま、優勝はしなかったけど。

そういった経験が僕にはあったので、濱家の声が出なくなったという事態には、すぐに対応できた。まず無理をさせないこと。本人は絶対に無理をして仕事をやろうとするので、それを止めるのが僕の役目だと思った。ピンではなくコンビだと、相方に迷惑かけまいと無理をしてしまいがちだ。1人なら休むところも、大丈夫なふりをして仕事をしてしまう。だからかなりきつめに相方が止めないといけない。

すべての仕事が大事なのは当たり前だが、15年の総決算となるM-1に全力でぶつかるためのコンディション作りが、最優先だ。とにかくM-1でベストが出せるように、当座の仕事は健康な僕がカバーして、なんとかすべく動いた。

だから前日の舞台数を減らしてもらうのも、ネタ時間を少し短くしてもらうのも、僕のほうから関係各所にお願いし、交渉した。そして、友人であるミュージシャン、※4 RADWIMPSの野田っちに、のどに一番詳しい病院を紹介してもらい、すぐに濱家を向かわせた。

僕はどんなときでも、とにかく万全を期すことが大事だと思っている。結果はもちろん大事だが、それよりも結果が出るまでに考え得る最良の手段を選び、それでダメなら仕方ないと思えるように、そこまで行動できたかどうかを大事にしている。仮に濱家の声が当日出なかったとしても、僕はきっと後悔していなかっただろう。そして一生そのことをいじり続けただろう。

さて、僕自身はというと、万が一にもネタが飛んだりしないよう体に染み込ませるために、いつ何時どんなタイミングでも、ネタのどの部分からでも始められるように、1人で頭の中で練習していた。例えば、お風呂に入ってゆっくりしてる瞬間に『トトロ』の2つ目のボケから再生、となったらすぐそこから始められるくらいのレベルまで。寝落ちしそうになる瞬間にも、『USJ』のネタの後半から再生、みたいに何度も何度も反復した。ラスト1週間で1000回くらいはやったんじゃないかな。

普通なら、こんなことはしない。

ただ、M-1決勝の緊張感たるや独特なもので、今までネタが飛んでフリーズした人がいないのが不思議に思えるほど、重圧を感じるのだ。そこそこの状態で挑めば吹き飛ばされてしまう。だからひたすら反復をしてネタが飛ばない状態までもっていった。ボクサーが試合中意識が飛んでもパンチを繰り出すように、僕も気絶していてもネタが言えるくらいにはなっていたはずだ。

決勝前日の夜、家の中では嫁もかなり緊張していたようで、あえてM-1の話をしないようにしているように思えた。僕も、嫁の前ではいたって普通な態度で過ごしていた。なぜなら、仕事をなるべく家に持ち帰りたくない、家では普通にゆっくり過ごしたいから。極力省エネでいきたい性格だし、普段も仕事の話を家ではしない、それなのにM-1の前だけ家で話してたら気負ってる感じが丸出しになるし、自分の中ではとんでもなく大きい勝負だが、大きい勝負と自分で思わないようにするためにも、普段と変わらない感じを心がけていたと思う。

ただし、嫁がトイレやお風呂で部屋からいなくなるとM-1でやるネタを1人で口ずさみ濱家のパートも自分でしゃべって練習していた。しつこいほど練習していた。繰り返し言うが、本当に寝落ちしそうになった瞬間に、またM-1のネタをやって、完璧にネタができるかどうか何度も何度も試した。そうこうしてるうちにいつの間にか、僕は本当に寝落ちしていた。

ついに来たM-1決勝当日の朝、起きて一番に思ったのは「やだなあ、今日」。

密着取材の人にも言ったが、本当に今から意識がなくなり、気づいたらM-1が終わっていて優勝していたらいいのに、という心境だった。

楽しみとかドキドキするとかそういう感情よりも、「早くM-1が終わって欲しい」、ひたすらそれだけ。M-1の消費カロリーは半端なく、神経も体力もすさまじくすり減る。人によるだろうが、僕はM-1に出て楽しいと思ったことは一度もなかった。とにかく常に戦い、すべったりネタが飛んだらそこで人生終了の戦い、そういった緊張感でいないといけないことがイヤでイヤで仕方なかった。

だから僕は、かまいたちとしてのM-1が終わるのをすごく待ち望んでいた。

優勝で終わるのがベストだが、年数制限があるため出たくても出られない、だからもう出なくていい、そういう状態に早くなりたかった。

会場に着いてからは、ネタの細かいところどうこうよりも、ただ濱家の声が出ればいいなぁというほうに意識が向いていた。当日もネタ合わせは小声で、『トトロ』のネタ1回のみ。もう1本の『USJ』のネタは1回も合わせることはなかった。

あとはぶっつけ本番でネタをやろうと決めていた。1本目2本目をどのネタにするか、今までは出番順が何番でもこれでいくと決めていた。が、ラストイヤーは決めていなかった。

もちろん希望はあった。第一希望は1本目に『トトロ』のネタ、そして2本目に『USJ』のネタだった。僕たちの中では、ネタの強さでいうと『USJ』のほうだったから。

1本目『トトロ』で3位以内に入り、ファイナルで『USJ』。これができれば優勝という道筋が、うっすらと見えていた。

ただし、1本目の出番が3番目以内なら、1本目に『USJ』をやろうと思っていた。理由は過去のM-1に出た感じからして、どうしても出番が最初のほうは不利だったからだ。『トトロ』で3位以内に入ればいいが、メンバー的にも甘くはない。出番が早い場合は1本目から強いネタのほうで点数を取りにいかないとファイナルに残れないのは明らかだった。

いよいよ僕たちは舞台袖に立った。今までのM-1ではギリギリまでネタを合わせていたが、今回は合わせることもなく、とにかく濱家の声が出たらいいなぁとだけ思っていた。

出番順は抽選で決まるシステムだったが、正直1番手でなければ何番でもよかった。あとであればあるのに越したことはないがおそらく3位には残れると思っていた。

今まではここまで自信をもって挑めてなかったが、ラストイヤーでもあるこの年は、紆余曲折《うよきょくせつ》あったがよいクオリティで、目標としていた〝どこでもウケる漫才〞ができ上がっていたと思う。客観的に見ても、十分に優勝争いはできるはず、あとは運次第、そう思っていた。


だから早い順番で呼ばれたときも僕はそれどころではなかった。それよりも横にいる、声が出るかどうかわからない大きな男が、早い出番に対して苦い顔をしたのを見て、「いやまずおまえ声出てへんがな」と笑いそうになった。

さらに登場用のせり上がりのセット装置のところに移動してスタンバってるときに、横の声が出るかどうかわからない大男が、リラックスしていきやと言わんばかりに僕の肩を揉《も》んできて、「いやまずおまえ声出てへんがな」と再度笑いそうになった。

今から思い返せば、濱家の声が出なくなったことは、逆によかった気もしている。

のどの状態が悪かったことによって、普通に漫才ができるかどうか、そこに僕たちの意識が向くようになったからだ。本番前に、変にたくさんネタ合わせをすることもせず、直前にあそこの間合いをどうしようこうしようとかなったりもせず、ただ普通に声が出て普通に僕たちの漫才ができればいい、そう思えたのがすごくよかったと思う。

M-1の決勝だからとか、そういう気負った漫才ではなく、普段の山内と濱家がしゃべってる雰囲気、普段の舞台と変わりない感じ、大会のための漫才ではなく、NGK[※5]に来ている老若男女全員に笑ってもらえる漫才、それを見せたかった。

そして出番順は2番に決まった。

早すぎた。『USJ』のネタでも無理なのでは?と思うほど出番が早すぎた……。

ただ、トップバッターのニューヨークが最高の仕事をして、とてもよい空気感にはなっていたので、もしかしたらよい点数がでるかもとは思っていた。

舞台の裏にスタンバイしてせり上がっていくときには、もう濱家の声が出てくれとだけ思って上がっていった。そしてあとはテレビで見てもらったところに繋がる。

『優勝はミルクボーイ!』

それを聞いたときは、悔しさ半分、やっと終わった安堵《あんど》半分という感じだった。すべてが終わったわけじゃないけど、重い重い荷物をやっとおろせたと思った。

お笑いの神様は「そんなに甘くないぞ」と言ってるようにも思えた。

ミルクボーイという最強の刺客を送り込んできたわけだから。もっと大雑把《ざっぱ》にいうと「今回は運がなかった」と、それだけだ。

あんなに心配していた濱家の声も普通に出て、僕たちの思惑通り高得点もゲットして決勝にも残ることができた。『トトロ』のネタも完成形を披露することができて、思った通りのものが見せられた。

ただミルクボーイが面白すぎただけ。あの日お笑いの神様が降りたのはミルクボーイだった。僕たちは神様相手に素手で戦った。そんな印象だ。

賞レースに勝つのは、本当に運次第だ。

負け惜しみとかではなく、あの日トップバッターを引いていれば、ミルクボーイといえども優勝は難しかったと思う。だが引かなかった。それが運だ。

ニューヨークは引いた。それが運だ。


ラストイヤーのM-1、敗れはしたものの高得点をもらい、2位という結果で終わることができた。優勝争いを一応したとはいえ、僕は過去にM-1に出たのと変わらない反響をイメージしていた。ネタをやり切った感は過去のM-1にもあったから。

しかし今回のM-1は違った。全然違った。優勝していないのに各方面からめちゃくちゃ称賛の言葉をいただいた。


かまいたち、めちゃくちゃ面白かった。


いろんな方からそう言ってもらえた。

芸人を始めてから一番反響があった。M-1直後の劇場の舞台では出るだけで声が上がった。

「お――――」「きゃ――――」

今までとは全然違うお客さんの反応。そんな反応は今まで経験したことがなかった。

僕は心から思った。

「ラストイヤー出てよかった～」

とっくに次のステージに移ったつもりだったのに、まだだったと、このとき気づいた。

あぶねー。ステージの見極めに自信があると思っていた僕だけれど、全然見極められてなかった。あのとき僕たちはまだM-1ステージのど真ん中にいたんだ。それに濱家だけは気づいていたんだ。濱家には伝えていないが、心の中でめちゃくちゃ思ってます。

「ごめん～～～」

※1【M-1グランプリ】
吉本興業主催の若手漫才師による漫才の大会である。いったん終了したが、2015年に復活して以来、毎年12月に決勝戦が開催されている。

※2【ラストイヤー】
出場資格が与えられるのは結成15年以内の漫才師に限るため、2004年に結成したかまいたちにとっては最後の出場を意味する。

※3【キングオブコント（KOC）】
プロ・アマ問わず全国の挑戦者たちが、コントで熱いガチンコバトルを繰り広げ、〝真のコント日本一〟を決める夢のお笑いイベント。優勝賞金はなんと1000万円！かまいたちは2017年、第10代キングに決定。

※4【RADWIMPSの野田っち】
ご存じ、ロックバンド『RADWIMPS』のボーカル・野田洋次郎氏。

※5【NGK】
大阪市中央区にある、吉本興業が運営するお笑い・喜劇専門の劇場『なんばグランド花月』の通称。漫才・落語・吉本新喜劇を年中無休で毎日公演中。

第2夜

失恋ソングの作詞に明け暮れた、思春期の夜

あいつの生い立ちは、なんか謎だにゃー。
どうやって育ってきたのか、あんまり話聞いたことないにゃー。
でも、小さいときに、実家の庭に猫がいつも遊びに来てたと言ってたにゃー。

1981年1月17日、僕は、教員である父とOLをしていた母の間に生まれた。

その日は、かるーく雪が降っていたらしい。生まれたばかりの僕の顔を見て、家族と親戚一同が、絶対父親似だと盛り上がったらしい。その通りに僕は、めちゃくちゃ父親似に育った。地元で会う人会う人に、「お父さんにそっくりだねぇ」と言われたのを覚えている。自分ではまったくわからないが、目なり鼻なり耳なり、すべて似ているようなのだ。

確かに後頭部には父親にもあるイボがあり、すごい遺伝してるやん、と当時も思っていた。ただ、そのイボはすごく邪魔で嫌いだった。新規の美容室に行くたびに美容師さんから「いけないものを見た」みたいなリアクションをされていたこともあり、10数年前に整形外科で除去してもらった。

小さい頃、両親に言われて記憶に残っていることはあまりないのだが、お祖母《ばあ》ちゃんに言われたことはめちゃくちゃ記憶に残っている。「とにかく父親に迷惑をかけるな」だ。

教員になった自慢の息子、つまり僕の父親の顔に泥を塗らないように正しく生きなさい、お祖母ちゃんは僕にかなり早い段階からそれを言い聞かせていた。いい子に育ってほしいのはもちろん、近所の人からも〝山内先生のところの子〟と言われてることに対する自覚を持つように、そうお祖母ちゃんは言っていたように思う。

お祖母ちゃんはことわざ好きで、たくさんためになることわざを教えてくれた。探し物をしていると必ず言っていたのは、『ようないかどにようある』。

方言も入ってるから正しいかどうかわからないけど、おそらく「ここにはないと思っている場所によくある」という意味らしい。実際にそれで結構探し物が見つかったりした。

あとは『バカが2人いるとケンカになる』。僕が何かで怒ったりしていると必ずこれを言っていた。ケンカになるというのは同じレベルの人に起こることで、片方の頭がよければケンカにはならない。だからケンカしてる時点でおまえもバカだ。そう言っていた。

『人の振り見て我が振り直せ』。これも何百回と聞いた。人の「あかんなぁ」と思うところを見て、自分もそうなっていないかちゃんと確認しなさいよ、そういうことだった。

芸人になってからも僕はこれらの言葉を胸に、ケンカもせず、腹が立っても語気を強めて何かを言うことはなく、冷静に論理的に問い詰めていくシステムをとっていた。きっとその感じがネタにも現れて、屁理屈を言う変なヤツというイメージにも繋がっているのだと思う。

ちなみに、お祖母ちゃんは僕が芸人になる前に死んだ。もし生きていて、自慢の息子の子どもが芸人になって金玉を掃除機で吸われたりしているのを見たらどう思ったかな、と考えるときがある。

怒るよね？　お祖母ちゃん。でも父親は応援してくれてるから、恥はかかせないようにがんばってるから、あんまり怒らないでね。


僕の地元・島根県松江市本庄町はめちゃくちゃ田舎だ。コンビニまで車で15分。今は変わったかもしれないが、バスなんか1時間に1本あるかないかだった。

散髪屋さんは近所に2軒あって、町民はみんなどっちかの散髪屋さんで髪を切っていた。文房具は友達の佐々木くんの家が文房具店をしていたのでみんなそこで買っていた。一度ノートを買ったら、佐々木くんの落書きが書いてあったので、すぐに返品した。

佐々木くん家《ち》の文房具店は駄菓子屋さん的な要素もあって、10円のガムのガチャガチャなんかも置いてあったから、学校の帰りにはみんなで佐々木くん家に遊びに行って、ガチャガチャをやったりした。実はこの佐々木くんが、僕の人生のベクトルをお笑いの方向にかなり寄せていった最重要人物な気がする。

小学生の頃の僕は、お笑い芸人になりたいと明確には思っていなかった。事実、小学校の文集には、将来の夢はサッカー選手と書いていた。当時僕は生徒会長をしていて、勉強しなさいと怒られたことはなく、すべてに結構真面目に取り組んでいた。なので成績はトップではないが、常にベスト10位以内に入る感じだった。

習い事は習字にピアノ。習字は道路を挟んで家の真向かいに教室があり、友達も結構いたことからめちゃくちゃ熱心に通った。硬筆初段と毛筆二段を取った記憶がある。でも証拠がない。字も下手だし。でも機嫌よく通っていたのは覚えている。

ピアノはヤマハ音楽教室に通っていた。でもめちゃくちゃ下手くそで全然乗り気じゃなく、5年くらい通って『ゲゲゲの鬼太郎』のイントロだけしかマスターできなかった。ほんまにムダだったと思う。なんで通わせたんだろう。父親は僕にピアノ弾いて欲しかったのかなぁって謎だったが、僕も子どもができてからは、なんとなくピアノ弾けるのはいいよなぁって思うから、たぶんそういうことなんだろうな。ごめんね、『ゲゲゲの鬼太郎』だけで。

あと、運動神経もそこそこよく、短距離もそこそこ長距離もそこそこ早かった。朝は毎日走っていたし。

僕の小学校の独特な行事だったと思うが、朝登校したらすぐに校庭に出て、朝礼の時間ギリギリまでグランウドを走る『中海《なかうみ》一周マラソン』というものがあった。中海という湖が学校の横にあるのだが、その外周と同じ距離を校庭で早く走った人から表彰されるという謎の行事だ。

そんなわけで、朝礼のときは毎日校庭を何周走ったかの報告から始まる。だいたい3～5周走れたらいいほうで、そのペースだと半年くらいで中海一周にたどり着く。その中に、めちゃくちゃウソをつく友達がいて、毎日20～25周走ったと先生に報告していた。

1回僕はビビりながら先生に「○○君は今25周って言いましたが、僕は今日数えてましたが4周でした」と報告し、報告しながらどういう涙かわからないが大号泣した。

そんな感じで僕は、生徒会長を務めるなど真面目な一面を見せながらも、お笑いは好きでクラスの中心人物的な立ち位置にいた。授業中にボケてはクラス中が爆笑、すべり知らずの人気者だった。本を音読しているときには、物まねを入れたりして大爆笑。僕が本を読むたびにみんなが何か期待してる感があった記憶がある。

一番ウケたのは、教科書に「いらっしゃい」というセリフがある箇所を当てられて読んだ際に、『キテレツ大百科』[※1]のブタゴリラの父親のまねで「いらっしゃい、いらっしゃい、あっ、らっしゃ」と言ったときだ。

窓ガラスがビビビビッてなるくらいウケた。

最後のM-1で、UFJとUSJを言い間違えるネタをしたときよりもウケたと思う。

本当にみんなからも面白いヤツと思われていたし、自分の中でも「僕は面白いヤツ」という自覚が小学生のくせにかなりあった。周りのお笑い方向の男子は『ストップ・ザ・山内』を掲げていたほど。それくらい小学生にしてお笑いの波にのっていた。

普通小学生でそんなにお笑いお笑いになったりしたら、先生にふざけるなと怒られそうなものだが、どれだけ授業中にボケても、先生からそれについて怒られたことはなかった。

先生も僕が授業中にふざけるのは大目に見てくれてる感じで、僕も子どもながらにふざけるけれども、引き際がしっかりしてるというか、授業を壊すような笑いはしないというのを素人ながら心がけていて、それが先生にも好まれたのではないかと思っている。先生が締めにかかってるときはボケない、大事なことを言うてるときはボケない、そこはしっかりやっていたと思う。

その心がけは今もお笑いのベースとして役に立っていて、本筋の番組進行や、内容を邪魔せず、止めず、活かしつつ、流れに沿ってボケるようにしている。これをしないと先生に嫌われていただろうし、MCの人に嫌われるだろうと思っている。無茶苦茶に見えてしっかり考えてやっているんだなぁとかは思わないでください。忘れてください。

さて、中学生になった僕は、小学校の勢いそのままにクラスの中心人物であり続け、面白リーダーをしていた。ここでも生徒会長をしていた。

たしか、中3の冬休み明けだったと思う。例の佐々木くんがダウンタウンさんのDVDとかを勧めてきて、よりディープなお笑いの世界に僕が惹《ひ》かれることになったのは。

もちろんダウンタウンさんの番組は、佐々木くんにDVDを勧められるずっと以前から見ていた。ウッチャンナンチャンさんの番組も。

地元は田舎でチャンネル数も少なくて、主力チャンネルは4つかな。だからみんなが見る番組はかなりかぶっていて、その中でも『やるやら』※2と『ごっつ』※3は、男子は全員見ている、僕たちの世代のバイブルみたいなレベルだった。僕のイメージでは、ポップな『やるやら』、男子寄りの笑いの『ごっつ』という感じだった。『やるやら』はファミリーで見ても楽しいが、『ごっつ』はたまに親と見てると気まずくなるようなところもあり、ドキドキしながら見ていた。

でも、その2つを見ても「面白い番組だなぁ」というだけで、芸人になりたいとかお笑いの世界をもっと見たいとか、そんな気持ちにはなっていなかった。芸人になるなんてリアルな話ではまったくなく、「世界最強の男になる」っていうのと同じくらいの夢追いごとだった。

そんなとき、佐々木くんが勧めてきた松本さんの『一人ごっつ』※4、『寸止め海峡』※5なんかを見たときに、僕は「こんなお笑いがあるんだ!」、「テレビじゃなくライブでお笑いをして、ほんまに自らの力のみというか発想だけでめちゃくちゃ面白いことできるんだ！」という衝撃を受けた。あのときから、お笑い芸人への憧れ、自分もそういう世界にいってみたいという思いが、バッとではなく、じわじわじわじわと湧いてきた。本当にじわじわね。

以来、佐々木くんに勧められたお笑いのビデオを見るたびに、「あそこのあれが面白かったなー」とか、「すごいよね、あのボケ」とか語るようになっていった。そんな話をし合えるのは佐々木くんだけだった。とくに松本さんのお笑いについてはよく話をしていて、見た目が面白いとか、勢いとか、ダジャレとか、身内ネタとかそんなんじゃないところで笑いをとっている松本さんのすごさに圧倒された。仕組みは理解できていないが、松本さんの笑いをすごいと思える自分たちは笑いがわかっているという自己満足を2人で楽しんでいた。

そこで佐々木くんと僕は、周りよりも一歩も二歩も進んだお笑いトークに花を咲かせ、お笑いということに関して最先端にいるという気持ちになっていった。

しかも今度は担任の先生から「おまえは特別な人間だ」と言われまくった。今思えばこの先生、かなりギリギリな発言をしてるんだが、当時の僕はますます自分の中で「俺は面白い、最先端の笑いがわかってる特別な人間だ」という思いを強めていた。

一方で思春期に突入した僕はまったくモテず、部屋でラブソングを書きまくるという危ない一面も持っていた。たぶん20曲は作詞している。なんでそんなに作ったのかというと……。

優しくしてくれた女子にすぐ惚《ほ》れる。↓すぐ告白する。↓すぐふられる。↓そのふられた気持ちをラブソングにする。

そんな気持ち悪いルーティンが繰り返されたからだ。

当時のノートが残っているのでここに貼ってみます。

JAPAN PROFESSIONAL FOOTBALL LEAGUE

Mr. my boy

僕らは止まれない　走りつづけるだけ

僕らは歩けない　目の前の道をただ

新しい世界、全てが不安で　もどりたくなる

君をさがし　君に会いに旅だった　けれど

※　全てが　何もかもが音をたて　こわれていく今

僕は　何を思えばいい　Baby

キレイな星も君にも　会えない今

僕は何を思えばいい　Baby

手を伸ばすと　遠ざかっていく　風よりも軽いね　your heart

だけど　全てを　こわされ、すてても

君のもとへ　きっと　いつか

僕が通っていた中学校は田舎なんで生徒数も少なく、全校で130人くらい。同学年は50人もいなかった。

そんなところでふられたりすると、周りにそれはすぐ広まる。そしてふられた人、ふった人、ともにめちゃくちゃ気まずくなる。僕は確か3人くらいに告白したから、クラス内で気まずいエリアがありすぎて大変だった。それでも思春期パワーで、後先考えず告白をしてしまっていた。

とにかく彼女というものに憧れていた。そして、彼女ができる=SEXという図式があり、スケベな思春期ヤマウチは目をギンギンにして彼女を探し回っていた。「付き合えたら誰でもええんかい！」くらい当時は飢えていたと思う。

そして、僕の恋愛事情は先生の耳にもなぜか入っていた。そこでも先生はやたら僕をほめてくれた。「山内は絶対モテるようになるから大丈夫。でもモテるのは大学生なってからかなー。今は顔がカッコいいヤツらに走らせとけ。全然焦らなくていい」と言ってくれた。

当時はなんのことかわかるはずもなく、「今モテたい」という気持ちだけだった。

でもね、あとで話すけど大学に入ったらモテた。本当にその通り。大学くらいで女子は男子を顔だけじゃなく面白いということでも評価してくれるようになる、先生の言った通りでした。

先生、あざす！

面白いのにモテない若者はたくさんいると思うけど、面白いことが恋愛においてマジのプラス点になるのは大学生になってから。

中高は結局顔がよい男がモテる。そういうヤツが可愛い子と付き合う。でもそういうヤツと付き合って別れた可愛い子が、大学くらいになると「顔はもういいから内面がよい、面白い人と付き合ってみよ」ってなるのよ。それまで我慢してお笑い磨くしかないです。

さてさて話がそれまくったが、中学生の山内くんはモテないけれどもお笑いは絶好調で、文化祭では小学校から変わらず主役を演じていて、出し物の演劇でもアドリブで言うことすべてがどハマりしてみんな爆笑。ますますますます、お笑いへの自信度が高まっていった。

中学の終わり頃には、「松本さんの意志を継ぐのは僕か」、そう思い始めていた。高校にいったらこのまま小、中の勢いそのままにクラスの中心人物になって人前で大爆笑をとりまくり、自信満々でお笑いの世界に飛び込むのかと思いきや……地獄が待ち受けているとも知らないで。

余談だが、この頃から僕はエッチで、まだ無防備な女子が前屈みになったときに、(ブラジャーのカップが浮いて出現する)乳首をのぞき見るのにハマり、自分で自分を〝胸元の魔術師〟と呼んでいた。

女子の前でわざと物を落として、それを拾おうとしてその子が前屈みになった隙や、机に座ってわからない問題があるからと女子を呼んで、教えてくれようとしたその子が前屈みになった隙を逃さずに乳首を見ていた。

女子を前屈みにする。↓乳首を見る。

今も昔の癖で、屈んでいる女子を見ると胸元の魔術師に戻りそうになるときがあるが、グッとこらえて紳士な大人を演じている。

安心してください、もうのぞきませんよ。

※1【キテレツ大百科】
藤子・F・不二雄によるSFギャグ漫画。ちなみに『ブタゴリラ』はガキ大将で13代続く八百屋の息子。

※2【やるやら】
フジテレビ系列で1990年から1993年まで放送されていたお笑いバラエティ番組『ウッチャンナンチャンのやるならやらねば！』の略称。豪華なセットも話題に。

※3【ごっつ】
フジテレビ系列で1991年から1997年まで放送されていたお笑いバラエティ番組『ダウンタウンのごっつええ感じ』の略称。YOUや篠原涼子はこの番組にレギュラー

出演したのを機に、知名度を全国区に広げた。

※4【一人ごっつ】フジテレビ系列で1996年から1997年にかけて放送されていたバラエティ番組。ダウンタウンの松本人志がたったひとりで出演し、すべてを行うことからこの名称がつけられている。

※5【寸止め海峡】同じく松本人志が作・演出・出演をこなし、入場料1万円が話題を呼んだ1994年のコント・ライブ。

第3夜

ある夜、とてつもなく変わっていた実家について考えてみた

やっぱり、生い立ちが変わってるみたいにゃー。

実家が個性的なんだにゃー。

あいつがあいつたるゆえんが、ここにあるにゃー。


うちの実家は変わっていた。


僕は違和感を持っていなかったが、どうやら変わっていたらしい。

まず友達が一度も泊まりに来たことがない。一度も。

お泊まりは悪という感覚だった。母はとにかく泊まりを嫌った。僕が友達の家に泊まりにいけるようになったのも高校の終わり頃だった。友達の家に泊まらせてもらうと母

に言ったとき、「迷惑だからやめなさい」と言われたが、みんなが泊まるからと説得して、なんとか許してもらった。

そもそも部活のせいとかでもなく、20時以降に連絡もなしに帰ろうものなら「不良になったな」と突き放されていた記憶がある。


やっと泊まりとかのルールが我が家でも緩くなるかなと思ったのは束の間、母はその日泊まりにいく友達の母親に電話し、「すいません、ほんとにごめんねぇ」とめちゃくちゃ恐縮していた。短い電話の中で5回は「すいませんねぇ」と言っていた。

そんなに泊まりってあかんことなん?


ようやく実現した初めての泊まり、友達の家には男子だけじゃなく女子もいた。しかもめちゃくちゃ可愛い子が泊まりに来ていて、思春期真っただ中の僕は寝るときギンギンにボッキしていた。隣で寝ている可愛い子の横でギンギンな僕は、キスしていいのかめちゃくちゃ迷った。

迷った結果やめたわけだが、本当にギリギリだった。なんだろう、あの、キスできるならすべてを捨ててもいいくらいの感覚。「キスしても寝てたら大丈夫ちゃう？」というドスケベ悪魔がずっと僕を誘惑していた。

よく考えれば、その子の周りに友達が5人くらいいてバレないわけない状況だが、「ここはすべてを捨ててキスや！」と、「バレたら地獄になるぞ」という天使と悪魔の攻防が3時間くらい続いた。ずっとギンギンで。でも深夜3時くらいまでせめぎあった僕は耐えた。童貞で彼女もいない、初めて女性と一緒に夜を過ごすことになった僕は、ギリギリのところで耐えた。それが初めてのお泊まりの思い出だ。

とにかく、泊まり＝悪、そんな感じの家庭だったので、僕には家族で旅行に行った記憶がない。自分ではまったく意識していないことだったが、濱家から「家族と旅行とか行ったことないの？」と聞かれたときに記憶をたどってみたがまったく浮かばなかった。ちょっと怖かった。もしかして僕はアンドロイドで、記憶を植え付けられてるのかと思った。

そんなわけないと思ったが、家族旅行の経験がないというのは客観的に見て珍しいなと思う。普通行きますよね……？？？

なぜ我が家は家族旅行をしなかったのか、今となってはもう怖くて聞けない。

ただ、おそらく母が旅行嫌いだからだろうなーとは思う。本当に母には、外出のイメージがない。僕が奈良教育大学に進学したときに、1人暮らしの家を決めるのについてきてくれたのが母と初めての県外旅行だった。それ以降は一度もない。

母はたぶん、旅行という人生の余白部分的なことに時間を使うのに乗り気じゃないのだと僕は勝手に思っている。1人暮らしの家を決めるのは、必要最低限の行動だからしてくれた。

でも、家族旅行というのは、必ずしも必要という行動ではないからしなかったのだろう……と僕は分析している。

母は常に最短で合理的に動いているイメージが僕の中にある。

僕が大阪で結婚式をあげたときも、母は「大阪まで出てきていること自体、すごいこと。ありがたいと思ってほしい」と言っていた。

式で新郎新婦の両親に向けて行うサンクスバイトは当然のように断られ、代表で父が出てきた。結婚式に来てくれている時点ですごいのに、サンクスバイトは求めすぎたみたいだ。

最後に母に花束を渡したのだが、式が終わった瞬間にその花束を式場スタッフに手渡して「どっかそちらで飾るなり、捨てといてください。私、このあと島根に帰るので」と言い放った。確かにその方が合理的で、間違ってはいないのだがやっぱりすごい。

でも、僕はそれを見ても「え〜？？？」とはまったく思わなかった。むしろ「あぁ、母親らしいな」と。

実は、小さいときにも同じようなことがあった。

毎年、大晦日に年越し蕎麦を食べるのが我が家の習わしとしてあったが、いつも母は蕎麦を1本だけ食べてどっかに行った。母曰く「1本食べたから食べたことになる」と。

確かにそうなんだが……。ほんでまったく食べないではないのが母らしい。

ただ、そんな母にも趣味がある。

太極拳は10年か20年前から習いだし、今も継続してやっているみたいだ。

もうひとつが島根のバスケットボールチーム『島根スサノオマジック』の応援だ。バスケなんか全然好きじゃなかったし、ルールもそんなに知らなかったであろうに、いきなりハマった。出不精で、みんなと何かするなんて絶対嫌いなイメージしかなかったのに、なぜかスサノオマジックのことは、とんでもなく応援していて、試合とあれば県外まで応援に行っている。

あ、母は一度も僕の仕事を見にきたことはありません。


不思議過ぎる。


しかも聞くところによると、地方へ応援に行ってもご当地めしを食べに行くこともなく、ホテルの近くのコンビニでお弁当やおにぎりを買って部屋で食べているらしい。本当にただただスサノオの応援をしている。このへんはムダがない母らしさが前面に出ていると思った。

そういう僕は、たぶん性格でいうと母の影響をモロに受けている。

とにかくムダが嫌いで、すべて意味があるかないかを重視して行動するタイプだ。合理的、合理主義という言葉がかなりドンピシャな気がする。だから間違ってはいないけれど、人から見ると僕もちょっとおかしいところが多いらしく、よく濱家に注意される。例えば「乾杯だけしたら帰っていい」と言われてるイベントの打ち上げなら、僕はほんまに乾杯だけしたらすぐ帰る。自分の中で必要である仕事に時間をかけるのはいいけれど、必ずしも必要でない打ち上げというものに対して、僕はあまり乗り気でない。

似てるなぁ、おかん。

とにかく我が家では、母がかなりのパワーを持っていた。だからよく、お祖父ちゃんお祖母ちゃんともケンカしていた。

母は嫁にきていて、普段は父方のお祖父ちゃんお祖母ちゃんとも普通に仲が良いのだが、たまにすごいケンカをしていた。理由は些細なことが多かったように思える。一番覚えているのは、母がトイレに行く動きをすると、それを見てお祖母ちゃんがトイレに行く、だから毎回母がトイレ待ちになるらしく、それで怒っていたことだ。

それくらい些細なことから、たまに怒鳴り合いの大ゲンカにまで発展していた。

あれは小学校3年生くらいのときだったろうか、隣の部屋で祖父ちゃん祖母ちゃんと母の口論が始まり、「またケンカ始まったよ」と思っていたら、ふすまの向こうから「もう私、この家を出て行きます、健司は置いていきます」と言う母の声が聞こえた。

このときは子どもながらに本当に震えた。

「え？　置いていくの？」って。

もちろん置いていったりはしなかった。


父はそんな母と対照的で、すごくおおらかな性格だ。

母に怒られた記憶はめちゃくちゃあるが、父に怒られた記憶はない。


ふざけてて外で財布をなくして、雨の中見つかるまで探させられたり、理由は覚えてないが母に怒られて庭に放り投げられ、サボテンがめちゃくちゃ刺さったり……。

全部僕が悪かったのだとは思うが、怒られたのはすべて母からで、父親からは「気をつけなさいよ」と優しくされた記憶しかない。

ただ、サボテンの毛を抜いてくれたのは母でした。僕を放り投げてサボテンが刺さった瞬間にすぐ拾い上げ、1本1本抜いてくれた。これは感謝すべきなのか……?

父親は小学校の教師をしていて、校長になって定年退職した今は、公民館の館長をしている。スーパーできる人だ。生徒からの信頼も厚かったみたいで、卒業生が高校生になっても会いに来たりしていた。すごいと思った。

父親との思い出で強烈に残っているのは、魚釣りに連れて行ってもらったときのことだ。岩場で釣っていたら、背中にめちゃくちゃトゲトゲがある魚が釣れた。僕が怖くてきゃーきゃー言ってると、父がその魚を握って針を外してくれた。さすがと思った。

そして父はまたそのまま釣りを始めたが、僕は自分で釣ったトゲトゲの魚が気になりバケツをのぞいて、指でツンツンしようとしていたら、近くで釣っていたベテラン釣り師みたいなおじいさんが「危ない! 触ったらあかんぞ、それめちゃくちゃ毒持っとる魚や、手で触ったらあかん」と言ってきた。

僕は「あれ……あの魚さっき父親がめちゃくちゃ握ってたやつやけどな」と思って父

の方を見ると、表情は何ひとつ変わっていないが魚を握っていた右手がパンパンに膨れ上がっていた。

父強し。

僕はよく濱家にパンチ寸止めされても微動だにしなかったり、すべてにおいてあまり驚いたりしないタイプだが、たぶん幼少期に父のこういう姿を見て、男は動じたらあかんという姿勢を学んだのではないかと思っている。

本当に父と母は対照的だ。僕の仕事に対するスタンスも、父と母ではまったく違う。父は「がんばってるやん」と言ってくれ、僕のグッズを吉本を通さず（笑）に作って、周りに配ったりしてくれる。島根でライブがあると必ず見に来てくれるし、テレビ出演の依頼とかも受けてくれて、まぁ全面協力という感じ。

でも、母は全面非協力だ。一度内緒で実家にテレビクルーを引き連れて帰ったときは、スーパー怒っていた。

母は「おまえの仕事に私を巻き込むな、自分で完結できることをしろ」とよく言っている。母から何かお願いされた記憶はない。

望まない、だから求めてくるな、という逆神様的なスタンスのように僕は感じている。

でも、母らしい言葉で僕もその通りだと思う。僕も千鳥ノブさんから回ってきた『祈るおむすびバトン』[※1]を無視したのは、この母イズムが影響してる気がする。

バトンという1人で完結できないことをなぜするのか。そして、やったからどういうメリットがあるか見えないものをなぜしないといけないのか。この『おむすびバトン』が回ってきたときは、母と同じくこう思ってしまった。「私を巻き込むな」と。

「自分で完結できることをする」

これは僕の生き方において、結構中心にきている。

すべて人まかせでなく自分でやる。自分の力でできないことはやらない。でも、やりたいことがあれば自分の力でできるように能力以上にがんばる。

そういうプラスに働いてる部分があると思う。

ただそれだけならいいが、人が自分にまかせてくるとイラッとしてしまう。僕の仕事じゃないやん。自分でやれよ。僕もおまえに頼まへんやん、と。

例えば仕事の合間にコンビニに行くときとかに濱家に、「ついでにお水買ってきて」と言われるとこれが発動する。僕の仕事じゃないやんと。自分で完結させろよと。良くも悪くも母イズムにすごい影響されている。

今は、そんな父と母と一緒に弟が暮らしている。

弟と僕はめちゃくちゃ仲が良く、6歳離れているのでケンカをした記憶もない。

ただ僕がプロレスにハマって蠍《さそり》固めをマジでかけたときは、少しケンカになった。その後、弟が蠍固めとアキレス腱固めを同時にかける技を開発して僕にかけてきたときは、すごく驚いた。この技は、今でもプロレスラーの方と仕事するときに「よかったら弟が考えた技なんで使ってください」と言っている。すごい技だ。

弟とは物心ついたときから仲良くしているが、僕は高校を出て奈良の大学に行ったので、そこから若干疎遠というかそれまでよりかは密ではなくなった。

でも、今でも連絡は結構取り合っている。

弟は僕と違いパソコンとかに詳しいので、僕がよくネット関係の相談をしたり、弟のほうからは実家の近況を連絡してくれたりしている。僕がテレビで母親の話を面白おかしく話して、少しでも事実と違う点があれば、弟から「お母さん怒ってます」とこっそり連絡がきて母親に謝罪するのが最近の流れだ。大人になり疎遠になる兄弟が多い中で(僕の勝手なイメージです)、うちら兄弟は大人になってからのほうが仲良い気がしている。

僕と違って真面目な弟は、今はコンビニの店長をまかされていて、しかも仕事中に特殊詐欺を未然に2回も防ぎ、島根県警に表彰されている。素晴らしい弟だ。同じ環境で育ったのに全然違う生き方をしている。

でも、たまにお笑いセンスを弟に感じることがある。

一度、いきなり島根に帰ったとき、弟が働くコンビニに顔を出した。弟にバレないようにレジの前まで行き、僕に気づくのを待ってみた。レジ作業からパッと顔を上げ目の前に僕が立っているのを見て第一声、「**まだオーラはないな**」。

　これにはめちゃくちゃ笑った。急に現れた1年ぶりくらいに会う兄に対する言葉が、「まだオーラはないな」なんて、めちゃくちゃ面白かった。でも本人は芸人をする気はまったくないみたいです。あったら困るけど。

　兄がこんなハイリスクな仕事をしてるのを両親が優しい目で見てくれてるのは、きっと弟が両親のそばにいて安心させているからだと思ってます。弟よ、ありがとう。もっと稼いだら、もうちょっとお金をあげるから。

※1【祈るおむすびバトン】
新型コロナウイルスの終息を願いつつ、おむすび（おにぎり）を握ることで人と人との縁をむすんでいくSNSのリレー企画。

第4夜

「おもろい山内くん」と決別した高校時代のあの夜

学生時代は今と全然違うヤツだにゃー。
こんなヤツがよく芸人になれたにゃー。
ヤバいヤツだにゃー。

僕が育ったのは田舎だったので、小学校、中学校はずっと同じメンバーだった。同学年は49人。つまり49人の前では受け入れられた面白いヤツだった。

しかし、高校は家から少し離れた島根の大都会・松江にある。そこはいろんな中学から生徒が集まってくる。一学年300人以上もいた。

たまたま入学試験の成績がよかった僕は、特別進学クラス、いわゆるハイクラスというところに入ってしまった。めちゃくちゃ頭がいい人ばかりいるクラスだ。他のクラスは自分と同じ中学校の生徒が1人はいるのに、ハイクラスに入ったのは同じ中学校からは僕だけ。周りは全員知らない頭のいいヤツ。

ずっと『井の中の蛙《かわず》』で育っていた僕は、今までとは環境が違って不安だったこともあって、高校生活のスタートダッシュで鬼つまずき、想定外のある事件を起こしてしまった……。

その事件をきっかけに、僕の高校生活はいじめられっ子としてスタートした。

小、中通して学年の中心人物、モテないけど人気者でやってきた僕が、まさかいじめられるなんて……。ほんまに予想していなかった。

きっかけになった事件が起きたのは、入学してすぐにあった遠足。その遠足の車内でバスガイドさんが、「このバスにはカラオケがついてます、歌ってもいいよーって人いますか？」と聞いてきた。僕と同年代の人ならこの経験はあるはずで、ごくありふれた光景だと思う。

誰も1番手で手を挙げない状況が10秒くらい続いただろうか、その間僕は頭の中で目まぐるしくシミュレーションをしていた。

中学校と違い友達がまったくいない現状。

←

周りは他校からきた頭のいいヤツばかり。

←

楽しい高校生活を送るには友達は絶対必要。

←

でも普段の教室でなかなか話しかけるチャンスは少ない。

←

ここで歌えば面白いヤツだとなって誰か話しかけてくれるかも。

←

照れてる場合じゃない。

←

歌おう！

僕のスーパーコンピュータが弾き出した答えは「歌おう！」だった。

勇気を振り絞って手を挙げ、バスについてるカラオケ特有の極端に曲数の少ない中から自分の歌えるなるべくナウいヤツを探した結果、徳永英明の『I LOVE YOU』[※1]を僕は選曲した。

そして少しかすれた声の感じを気持ちまねしながら全力で歌い上げた。

そこそこカラオケに自信があったので、「うまいやん」と「似てるやん」の両方の路線で僕は勝負に出た。

バスガイドさんの「うまーい、似てるかもー」という声と手拍子、これだけが僕の耳に聞こえてきた。

もちろん周りに友達はいないので、歌の最中に盛り上がることなんてないのは想定内。

僕の狙いはそこじゃなく、歌うことで自分を知ってもらい、後日友達が増えればいい

——そういうことだった。兎《と》にも角にも高校生活を楽しく送るためにまず一発、僕は勝負に出たわけだ。

そしてその結果……次の日からいじめが始まった。

僕がバスの車内カラオケで一発目に徳永英明の『I LOVE YOU』を歌ったのを、クラスのリーダー的な存在だった、マンモス校出身のお調子者のT君がよく思わず、「あいつ無視しようぜ」となったらしい。

確かに今思えば、よくわからないヤツがいきなり挙手して徳永英明の『I LOVE YOU』をちょっと物まねして歌ったらよく思わないか……。

ただ言いわけさせてもらえるなら、バスの中にあったカラオケは曲数がめちゃくちゃ少なく、ほとんど演歌。その中でヤングな曲でイケてる曲となると、徳永英明の『I LOVE YOU』しかなかった。かすれた感じを出して歌わなければ結果は違ったかもしれないが、あのときの僕はめちゃくちゃかすれさせて、なおかつ強弱をめちゃくちゃつけて歌っていた。

なんであんな勝負に出たんだ。

後悔しても仕方ないが、とにかくそれがきっかけで完全にクラスの中心からはじき出され、ひと言もしゃべれなくなった。

お昼ごはんタイムも僕以外の男子で集まって食べたり、休み時間も僕に声をかけることなく遊びに行ったり。嫌がらせをされたわけではないが、「山内と仲良くなるのはやめといたほうがいい」みたいな空気感を出され、僕は〝物静かなヤバいヤツ〟みたいな扱いを受け始めた。

仕方なく僕はいつも本を窓際で読む少年になった。ただただ無言で本を読んでいた。図書館で借りた『世界の名言 格言集』をずっと読んでいた。そして、読んでうなずいては何かをメモるような仕草をしていた。実際は何もしていないのに。ただ本を読むことで、「他のヤツから誘われてないのは本を読んで忙しそうにしてるからですよ」アピールを、女子にする意味もあった。女子に自分がいじめられてるヤツと思われるのはイヤだったので。
しかしこれがまた逆効果で、余計にウワサを呼び、普段はまったくしゃべらず本を読んでいるのに遠足のバスで急に手を挙げて徳永英明を歌ってたヤツということになり、ほんまに誰もしゃべりかけてこなくなった。これは4月に入学して2か月間くらいの間の出来事だ。

クラスで悲惨な状態になってはいるものの、僕は落ち込んだり、パニックになっていたりしたかというとまったくそんなことはなく、「そんな扱いを僕が受けることもあるんだー」と冷静にびっくりしている感じだった。もちろん現状でいいとは思っていないので、なにか打開策をとは考えていた。しかし一度嫌われたヤツがむやみに動いてもいいことはない気がしてたので、「様子見たほうがいいよなー」と思いながら日々が流れていった。

焦らなかったことについて意外に思う人がいるかもしれないが、「嫌われるヤツは最初好かれてても嫌われる、好かれるヤツは最初嫌われてても好かれる」っていう、誰から聞いたかわからない格言に自信があったので、いつかまた周りに好かれるだろうと思い、ただ窓際で本を読み続けていた。

そのとき読んでいた『世界の名言 格言集』に載っていた言葉でもなく、この言葉はほんまに誰の言葉なのか、もしかしたら自分で作った言葉なのかわからないが、今でも本質を捉えた言葉だなと思う。


大人になって働いたり、誰かと一緒に生活するようになると、最初にいくら取り繕っても結局、その人の本性は相手に伝わってしまう。最初になんとか好かれようとしてがんばっても、その人の性格が悪ければ絶対にバレて、いずれ嫌われる。そういうことを何回も見てきた。

高校のときの僕はまだそこまでこの言葉の本質をわかってないはずなのに、この言葉をなぜかすごく信頼して、精神の拠《よ》り所にしている感じがあった（というかまず自分が好かれるヤツだという前提でこの言葉は成り立っている）。

この言葉を頼りに、じっくり焦らず挽回のチャンスを狙っていた僕にやっとそれは訪れた。それは〝そんな山内くんは、どうやってクラスのみんなと仲良くなれたでしょう？〟というクイズがもしあったとして、世界中の人が50年くらいかけても誰も答えられないと思う（51年目でマニアックなボケ回答した人がもしかしたら正解するかも……。いや、しない）。

そのまさかのきっかけとは、4月に入学して3か月ほど経ったある日のお昼休みに起こった。クラスの中心人物だったT君が売店にパンを買いに行って教室に戻ってくるなり、「今、廊下でたけし軍団の双子のヤツ歩いてたわ！」と興奮しながら周りの男子に言ったのだ。

みんな、なんのことかわからずキョトンとしていたが、僕だけはわかった。『ポップコーン[※2]の正一正二』のことだって。

実は僕も以前から、浪人生が通う補習科の生徒にポップコーンの正一正二にめちゃくちゃ似てる人がいるとずっと思っていた。でも周りに言う機会なんてもちろんなく、そして言っても絶対に誰もわからないと思い（正一正二さんすいません）、心のうちに秘めていた。

だからT君がその話をしたときに、T君が僕のことを好きじゃないのもわかった上でどうしても「僕はわかる」と言いたくなり、窓際でいつも通り本を読んでいたのをやめ、少し離れたところから「ポップコーンの正一正二でしょ？　めちゃくちゃ似てるよね？」と言った。

また無視されたりする危険も十分にあったと思う。

普段窓際で誰とも話さずに本を読み、遠足のバスで徳永英明の『I LOVE YOU』を歌い、急に「ポップコーンの正一正二でしょ？」と言ってきたヤツと言われる可能性もあったが、僕は勝負に出た。

するとどうだろう。

T君が「そう！！！　ポップコーンの正一正二やんなあれ!?　めちゃくちゃ似てるよな！」と満面の笑みで話しかけてきたのだ。すると他の男子も、「誰？　ポップコーンの正一正二？　どんな人？」と聞いてきた。当時インターネットもなかった時代なので、僕はT君とポップコーンの正一正二を図解した。

……ということで、どうやってクラスのみんなと仲良くなれたでしょうクイズの正解は、『**クラスの中心人物のT君が廊下ですれ違った人を、ポップコーンの正一正二似だと言い当てた**』でした。

ウソみたいな話だが、それがきっかけでクラスのみんなと打ち解けて普通の高校生活がスタートした。もともと積極的ないじめではなく、無視しとこうレベルのものだったので、それ以降は本当に何事もなかったかのようにクラスのみんなと仲良くなれた。読みたくない本を読むこともなくなり、男子のしょーもないトークにも入れて、お昼休みもみんなと行動を共にするようになった。

あのとき、僕がポップコーン正一正二を知らなかったら、僕の人生は今とはまったく別のものになっていたと思う。

正一正二さん、ありがとう。

そんな高校生活スタートダッシュ失敗からの軽いいじめ経験から、僕は初見で人を判断しないようにしている。もちろん、第一印象である程度こういう人だろうとイメージを持つのは当然だが、それで判断して「この人はダメだ」と決めつけたりはしない。その人がどんな人かわかるようになるには、ある程度時間がいる。たとえ初対面でヤバくても、僕の徳永英明ケースの場合もあるから即ジャッジはしない。この高1の経験は、自分の人生においてめちゃくちゃプラスになっているなと思う。

さて、そこから僕が〝面白いヤツ〟認定されて、小、中時代のようにみんなを笑わせる存在になったかといえば、そうではなかった。
それどころか、〝徳永英明のアイラブユー事件〟超えの鬼すべりが僕を待っていたのだ。

僕が通っていた高校は当時、進学校だからという理由で修学旅行がなかった。他の高校は海外旅行に行くなどしていたみたいだが、うちの高校にはなかった。母親と同じで旅行がもともと好きではない僕は、それについてとくに何も思わなかった。
ただしその分、ちょくちょく遠足や課外授業があった。鬼すべりした高1の大山[※3]への遠足に引き続き、高2のときには泊まりの遠足みたいなものがあった。大山か三瓶山[※4]か、どっちかだったがあまり覚えていない。イヤな思い出なので。

その泊まり行事のときには、各クラス代表が出し物をすることになっていた。これは各クラスに事前に通達されており、各クラスの出たがりたちが立候補してそれぞれが練りに練った出し物をした。お笑いのジャンルで復活していた僕は、もう1人のクラスのお調子者と組んで（これはT君ではない。T君とは高2では別のクラスになっていたので）代表者になった。

出し物を何にするか彼と話し合った結果、『二人羽織』をすることになった。

その彼もなかなかのお笑い猛者《もさ》で、普通の出し物をしても面白くない、あえてここは二人羽織をするべきだと力説された。僕は二人羽織の面白さについてよくわかっていなかったが、その力説を聞いて、確かに普通のことをしても面白くないなという点で意見が一致して、二人羽織をすることに同意した。

……なのに、力説してきた割に彼は自分が二人羽織の前をやるのを頑《かたく》なに拒絶した。

そのくせ彼はめちゃくちゃ熱い感じで「二人羽織は顔にいろんなものをぶつけていったら絶対にウケる、だから練習はナシ、本番ぶっつけで大丈夫。俺が後ろからガンガンいくからリアクションしてくれたら絶対いける」と言ってくる。

それで、僕は前をやることになった。「まぁ大丈夫、ウケるだろう」という気持ちは僕にもあった。なんとなく古典芸は逆に新鮮だし、二人羽織をやるっていうことでまずウケそう。当時僕はなぜかそう思っていた。

遠足のホテルは甲子園球児が泊まる合宿所みたいなところで、大きな食堂で全員がごはんを食べた。そして夕食終わりにテーブルをはけて、前のほうにみんなが集まって出し物披露となった。小、中学校ではクラスの出し物で常に主役を張ってきた僕も、高校での人前は初めて。めちゃくちゃ緊張していた。高1の遠足のときの悪夢が、僕をイッ[※5]プスみたいにしていた。

いよいよ自分たちの出番がやってきた。前に出て二人羽織をセットしたが、ここで笑いはなかった。僕の計算では、すでにここで「あいつらこの時代に二人羽織をするのかよぉ」的な笑いがあるはずだったがまったくなく、かなりイヤな気配が漂った。

しかしまだ二人羽織の真髄は見せていない、ネタはここから。そう気持ちを切り替え二人羽織はスタートした。本当にベタに後ろの彼が熱々のおでんを箸で取り、前の僕は「さぁ、まずおでん食べようかなー、口はもっと左だなぁー」という二人羽織のど真ん中をやった。そして、セオリー通り後ろの彼が、おでんを僕のほっぺたにぶつける……。

「あっちぃ！　あっつー！　めちゃくちゃ熱い！」

という僕のリアクションにシーン……会場は静まり返る。

鬼すべりした。二人羽織で鬼すべりした。

誰も熱々のおでんがほっぺたに当たっても笑わなかった。

僕の心はすでに折れ、早くその場から立ち去りたかった。

しかし、顔が出ていない後ろの彼は、状況がわかっているのかいないのか用意したものすべてをやってきた。熱々の汁、激辛のワサビ、黒蜜……すべてすべった。

普通のすべりじゃなく一級品のすべり。

黒蜜に至っては「うわー……あぁぁ……」という声も聞こえた。
ひと笑いもないまま二人羽織は終了し、僕たちははけた。

メンタルはズタボロだ。

後ろの彼は、最後まで羽織で顔を隠したままはけやがった。そして裏のほうに行き羽織をとり僕にひと言、「全然ウケないな」。

たぶん殴ってよかったんだと思う。
僕は思った。「こいつの笑いの実験に自分は使われた」のだと。すべっても後ろの彼はダメージを負わない。逆にウケたら周りにほめられて、どうやってネタ考えたのって話になり、二人羽織を提案した手柄は彼のものになる。
これはのちに、僕のお笑いの経験としては貴重なものとなった。

ネタを考える際に、

・勢いやなんとなくで面白いと思わないこと。
・面白い理由を自分でしっかり説明できるネタをしないといけないこと。

二人羽織はあまりに面白い理由がなさすぎた。江戸の笑いをアレンジなしでやってウケるわけがない。

なので、基本かまいたちのネタは〝なんとなく面白い〟というものでなく、面白い理由が人にしっかりと説明できるネタを目標にしている（たまに勢いだけのネタもあるけれど）。例えばＵＳＪとＵＦＪを言い間違えるネタなら、言い間違えを認めずにあの手この手で言い間違えたのを執拗に相手のせいにする漫才、みたいに。

この説明ができないネタは面白くない、二人羽織のように。

とにかくこの二人羽織すべりから、僕のお笑い自信崩壊が始まった。

〝徳永英明のアイラブユー事件〟のときにあった、「あの人なんなん？　面白くないんだけど」という幻聴が聞こえてきそうなすべり方をした。これはかなりキツかった。すべったことをいじられるのは今でこそ苦ではなく、逆に面白い方向に変えられるのだが、当時の僕にはただただいじって欲しくない出来事になった。

島根にはいじられるという文化がまずなかったので、悪口をずっと言われている気分だった。二人羽織は僕の案ではなく後ろの彼が考えた案なのに、みんなの中では前のほうの僕がすべった感じになっていた。

廊下を歩いていても周りから「めちゃくちゃすべってた人だ……」と言われている気がするし、まるで罪を犯したくらい後ろめたい気持ちになっていた。すれ違う人がすべて自分を嘲笑しているように思えた。

以来、高校生活の間、僕が人前に出て何かすることはなくなった。完全に怖くなった。すべるのがこんなに怖いなんて知らなかった。小、中学校の自分はなんて怖いもの知らずだったのだろうか。一度あの怖さを覚えてしまうと、「ここだ」という間で飛び込めなくなってしまう。厳しいものなのだ。

それから僕は面白いヤツというのをアピールする気力はなくなり、表舞台からは身を引こうと決めた。お笑いはそんなに甘くなかった。

弱冠17歳で僕はお笑いを引退した。

もちろんお笑い自体が嫌いになったわけではなく、未練はありまくりだった。ただ前に出るのは怖くてできない。

そんなわけで、学園祭なんかで漫才やコントを披露してるヤツらを見て、「面白くないなぁ、センスないなぁ」と心の中でつぶやくことが僕の習慣になった。家ではダウンタウンさんのDVDを見ながら、学園祭とかでワーキャー言われてウケてるヤツらが面白くないのを再確認し、本当のお笑いはここだと、自分のお笑いの方向は間違ってないと確認し、「本当は僕が一番面白いのに」と思いながら、身を潜めていた。

二人羽織事件以来、僕はおとなしくボケずにひっそり暮らし、クラスでは二軍のリーダーとして生活していた。イケイケの一軍の男子ともしゃべれるけれど、普段の活動の拠点はおとなしい二軍の男子として。

入学時からずっとハイクラスにいて成績はまずまずよく、進路をどうするか、それなりに選択肢はある状態だった。

「芸人になるのか、どうしようか」

高3の時点で、お笑い芸人になるという夢は僕の中でかなりふんわりしていた。というか、島根出身の僕からするとお笑い芸人になるということはまったくリアルではなかった。周りでそんな人はもちろんいない。当時、地元では高校を出て吉本に行くなんて言ったら、「頭おかしくなった」と思われるような状況だった。芸人になるというのは本当に夢の中の夢という感じだった。でも、中学の頃からなんとなく抱き続けていた夢を、ここで何もなかったかのように捨ててしまうことも、なんだか違う気がしていた。


大学受験シーズンを前に、進路をどうしようか、リアルに考えないと、と思っていたとき、急にバンタンデザイン研究所[※6]に行きたくなって願書も取り寄せた。CMがおしゃれで、可愛い子がいるに違いないと胸がときめき、「カリスマ美容師に僕もなるんだ」と思ったのだ。

しかし、父親に、

「女の子目当てじゃない？　ちゃんと大学行きなさい」と言われた。

図星も図星だったので、バンタンはすぐに諦めた。ちゃんと受験勉強して、センター試験を受け進学することにした。ただ、このときお笑いが頭になかったわけではない。僕は関西の大学を志望していた。関西方面の大学なら何かお笑いに触れられるかも、という思いもあった。

とりあえず大学に行き、4年間のうちに自分の進路を決めようと思ったので、将来の選択肢が少しでも広がるように、よりかしこいと言われる大学を狙うことにした。ちょうどこの時期に、ビートたけしさんがテレビで「最近の若者は大学卒業組が増えている。人を笑わせるには相手よりたくさんの知識を持っていないといけないから、今からお笑い芸人を目指すなら大学は出といたほうがいい」という主旨の話をしているのを聞いて、なるほどと思ったのもあった。

〝芸人なるならない〟はさておき、将来のためにとにかくよい大学を目指すことが自分の中で決定したので気合も入り、このときは人生で一番勉強した。こんなに勉強したことはなかった。このときの勉強法が効果的だったかはわからないが、とにかく〝がんばった感〟だけはものすごく得ることができた。

まず夕方17時過ぎに家に帰り、お風呂、ごはんをすませて20時にもう就寝。

ここからがすごかった。

20時に寝て深夜1時くらいに起きて、そこから朝の7時までぶっ通しで勉強だ。さらに朝ごはんを食べてから早めに学校に行き、朝礼まで教室で自習していた。

正直、深夜の時間帯の勉強は朦朧《もうろう》としていた記憶があるが、大量に勉強をしたという自負が自信に繫がった。量より質ではなく、質より量だった。

今思えばもっとかしこいやり方はあったと思うが、当時受験戦争真っただ中の僕たちの世代は何時間勉強したかが、がんばり度の判断基準になっていたので、短い時間で質を求める勉強法はまったく眼中になかった。

……しかし、結果、センター試験は狙っていた総合得点の6割くらいしか取れず、大失敗に終わった。

この勉強法は、のちに芸人になってネタを書く、ネタを練習する際の〝逆の教訓〟としてある意味役には立っている。長時間やっても、ダメなときはダメ。基本いかに短い時間で、自分の脳の負担にならずにネタを書けるかを今は大事にしている。

※1【I LOVE YOU】
１９９２年に発売された、シンガーソングライター徳永英明の15枚目のシングル曲。

※2【ポップコーンの正一正二】
かつて太田プロダクション、オフィス北野に所属していた双子の漫才コンビ。すでに引退したと思われる。

※3【大山】※4【三瓶山】
大山《だいせん》は鳥取県にある標高１７２９メートルで、日本の名峰ベスト3になったこともある山。三瓶山《さんべさん》は島根県の中央部にある標高１１２６メートル主峰の山。

※5【イップス】
精神的な原因などで動作に支障をきたし、自分が思ったような動きができなくなる症状。

※6【バンタンデザイン研究所】
ファッションや美容、映像分野のクリエイターを育成するスクールで、現在は東京、大阪、名古屋校がある。

第5夜

モテ期到来!? ワンナイトラブなんかもしちゃった山内くん

あいつがモテたなんて信じられないにゃー。
なんかここで間違ってたら、芸人になってないにゃー。
運命だにゃー。

センター入試の出来はイマイチだったが、僕は結局、国立の奈良教育大学教育学部に現役で入学した。専攻は地域環境。社会と歴史の教員免許を取りたかったので、取得できる免許優先で学部を選んだ。

同級生は本当におとなしいいい人ばっかで、ヤンキー的な人は1人もいなかった。僕はおしゃれでイケてるキャンパスライフを過ごしたかったので、スケボーサークルを自ら立ち上げたが、誰も仲間が集まらず、すぐ解散した。

でも、僕はとにかく大学生活を満喫した。

初めての1人暮らし、部屋もおしゃれにしたいという願望から、雑誌『smart』のおしゃれな部屋特集にあったシンプルだけどこだわりを感じさせる部屋というのを丸パクリして、シンプルおしゃれな部屋作りをしていた。

トイレには『smart』の「ちんかめ」のページ（エッチな写真をおしゃれに撮ってるページ）を切り抜いて壁一面に貼り付け、来た友達におしゃれアピールをしていた。冷蔵庫にはお酒が飲めないのにカラフルなカクテルの瓶をぎっしり詰めていた。もう満杯に。だっておしゃれやん。

私服も当時流行っていたB※1ボーイファッションでバッチリ決めていた。アメリカ村※2にも週3くらいで行き、『サタンアルバイト』という当時最先端のおしゃれなブランドを着ていた。

そんな努力が実ってか、大学生になって僕に初めてモテ期というのがやってきた。

1回生のとき、同級生の友達の子からちょこちょこ告白されたりした。今まで告白なんて自分からするの一択だったのに。

ワンナイトラブもした。

島根の純情お笑いボーイは生まれて初めてのモテ期で性に溺れた。まさか自分がワンナイトラブをするなんて。

そして大学2回生、僕のモテ期は爆発した。

めちゃくちゃモテた。ビビるくらいに。とくに1コ下の1回生の女の子にモテた。ほんまに1コ下の回生の四天王と呼ばれるレベルの女の子4人に告白された。

食堂でごはん食べてるときにナンパのノリで話しかけて仲良くなった子たちだ。先輩風吹かしてカラオケやごはんをおごってあげて、遊んでいたらモテた。

ほぼ同時期に告白されたので、その中の1人の子と僕は付き合ったのだが、本当に生まれて初めてのモテ期。当時の僕は「1人ずつ来てくれないと付き合えないよぉ」とプレイボーイなことを思っていた。

自分の中でファッション以外何が変わったのかわからないが、きっとモテたことからくる心の余裕が女子に響いたんだと思う。モテモテの連鎖に入り、僕は大学生活を満喫した。

そして、授業はほぼ真面目に受けず、単位をいかにずるく取得するかに力を入れ、パチスロに溺れ、徹マンもして（お金は賭けてません）、本当にカスの大学生の見本みたいな生活を送っていた。大学生になって初めてパチンコ屋に行き、ギャンブルを経験して目覚めてしまった。そう、僕はギャンブル狂だった。どっぷりそのままギャンブル生活にハマり、借金もした。

はっきり言い切れる、あの4年間は本当にカス生活だった。

そうは言いつつ、一応教員免許は取った。中学校社会、高校日本史、司書教諭資格、学芸員資格。とりあえず取っておけば選択肢は広がるだろうと思い、そこはがんばって取得した。

ちなみに、高校でダメージを負い表舞台からは退いていたものの、大学では再び面白いヤツに返り咲いていた。テンションが高く面白いヤツ、という感じや人前に出て面白いことを言うのではなく、仲間内で面白いことを言って仲間内でお笑いセンスを評価されてるヤツ、大学のときはそんなポジションになっていた。

しかし、大学の間、お笑いに触れることはほぼなかった。

大阪の劇場にお笑いを見に行くことは1回もなかった。普段のテレビもお笑いをそんなに見ず、ラジオも聞かない。人前で何かするタイミングもなく、関西にいたのにお笑いに近づくことはなかった。

僕とお笑いとの唯一の接点といえば、年末にある『オールザッツ漫才』[※3]という番組を見ることだった。あまり有名ではないけれどめちゃくちゃ面白い芸人が出てる番組、年に1回しかないその番組だけを僕は見ていた。

そして、「芸人になってこの番組出れたらいいなぁ」とふんわり思っていた。その気持ちだけが僕とお笑いを繋いでいた。

そんな中で4回生の終わり、そろそろ就職を決めないといけなくなった。周りが就活する中で僕は一切就活をせず、もう教師か芸人かの二択に絞っていた。

その二択から芸人へ決めた一番の要因は教育実習だった。

僕は地元島根の出身校へ教育実習に行った。中学校2週間と高校2週間。実習に行く前から、ここでの感触で教師になるか芸人になるか決めよう、そう思って臨んでいた。教師になりたいという強い思いもなく、かといってほんまに芸人になる勇気もなかった僕にとって、この教育実習が人生の分かれ道になった。


いざ教育実習が始まると、自分でもわかっていなかった自分に気づく。

まず、可愛い子にしか話しかけない。これは教師として致命的な問題だと思った。男子や、自分的に可愛いと思わない女子にはまったくというほど話しかけなかった。男子から話しかけられても、なぜか僕のほうが壁を作り、仲良くなろうという気持ちになれない。可愛いと思えない女子にも同じ感じだ。

それなのに可愛いと思う女子にはベラベラ話しかけて、自分のオススメの勉強方法まで伝授しようとしていた。今思えば、生徒に手を出して犯罪者になるタイプの教師だった。

そんな態度はおそらくクラスの生徒みんなに伝わり、「あの先生なんか変だ」ときっと思われていたはずだ。当然、生徒からの人気もない。
教育実習の先生は、生徒からめちゃくちゃ好かれて人気者になるというのが自分のイメージだったのに、休み時間に生徒から話しかけられることはなかった。授業中に軽くボケを入れながら授業しているのに誰も笑わない、僕もボケていなかったことにして授業を進める。地獄のような状況が続いた。教育実習のかなり前半で気づいていた。

僕は教師に向いていない、と。

極めつけは実習最後の日のあの出来事。他の実習生たちは、受け持ったクラスの生徒たちから寄せ書きと花束をもらっていたのに、僕に花束はなく、優しい6人の生徒が寄せ書き風の色紙をくれただけだった。

スペースを埋めるために1人1人の文字の大きいこと。

「山内先生ありがとう」という文字で、まずど真ん中のスペースを大量に埋め、周りを

6人がお礼の文言と名前で埋めてくれていた。

でも、こうなった責任はすべて自分にあると納得していたので、逆に寄せ書きをくれた6人にびっくりした。実習が終わるときには、自分は教師になってはいけないという思いは確信に変わっていた。かといって普通に就職する気もなかった。

自分の中での迷いは消えたが、教師になると思っているであろう両親になんと言えばいいのかはずっと迷った。

他の友達が就活に明け暮れる中、僕は一切就活せずにきたわけで、良くも悪くももう芸人一択しかない状況になっていた。周りの友達には「僕はNSCに行って芸人なるから就活はせーへんねん」と言っていた。

でも心の中では就活してがんばってる友達を見て、「おいおい僕はほんまに大丈夫か」と不安な部分もあった。もちろん就活していないのも親には言ってなかったわけで。親にどう伝えたらいいのかは、正直結構悩んでいた。

ついに4回生の冬、実家に帰ったときに思い切って「吉本の学校のNSCに入りたい」と言ってみた。バンタンのときのようにめちゃくちゃ反対されるかと思いきや、父親の反応は意外だった。「まぁ今、教員の採用も少ないから行ってみたらいいがや。その代わり2、3年やってみてダメだったら諦めて就職しなさい」と。

そう言って父親はNSCのお金も奈良から大阪への引っ越し費用も、何もかも全部出してくれた。このとき父親が反対してたら、母親が激怒してたら、おそらく僕は芸人になれてない。

なぜあのとき息子の芸人になるという、普通あり得ない申し出を優しくOKしてくれたのか。大学まで行き、在学中もたくさん仕送りしてもらい、そんな息子が芸人になるのを認められるのか。

もう本当に感謝しかない。僕にも子どもがいるが、自分の息子が芸人になると言ったらどうしよう、と考えると恐ろしい。僕は絶対反対する。自分に子どもが生まれてます、許してくれた両親がすごいと思う。

そして僕は本当に吉本の養成所NSCの試験を受けた。

知らない人のために説明すると、NSCは吉本のお笑い養成所で、1期生はあのダウンタウンさんだ。

僕と同期の26期生は大阪だけで600人くらい、そして東京も合わせると1200人くらいいた。NSCは一応試験があるが、普通合格する。相当なヤバい人だけ落とされる。でもそんなことはあとで知ったので、僕にとって一世一代の大勝負としてNSCの面接に挑んでいた。

試験会場には「俺が一番おもろい」と思っているヤツらが集まっていた。30人くらいずつ部屋に入っていき、試験が行われる。

当時NSCの試験は軽い面接みたいなものだった。確か試験官に「自分のPRポイントを言ってください」みたいに言われたので僕はこう返した。

「なんかしろと言われるとできないんですが、流れの中で面白いことを言うセンスがあります」

これは今もそうだ。一発ギャグもないし、パッとできる特技もない。今これを書きながら、「ん？　僕は成長していないのか？」と不安になっている。

僕がそう答えても、試験官は何か聞いてくるわけでもなく次の人に質問していった。吉本の学校に入る試験はあっけなく終わった。

普通にしていたら落ちるはずもない試験だが、そんなことは当時知らないし僕は家でドキドキしながら結果を待った。その後、ＮＳＣからハガキが届き、もちろん合格。ほぼ全員受かるのだが、そんなことを知らない僕は、選ばれし人間とすでに勘違いしていた。

もうお笑い芸人として売れるレールに乗ったつもりになっていた。

※1【Bボーイファッション】
〝B系〟とも呼ばれ、ヒップホップミュージシャンが着ているような、ダボッとしたストリートファッションを指す。

※2【アメリカ村】
大阪・心斎橋の一画にあり、約２５００もの店舗が集まる若者の流行発信地。

※3【オールザッツ漫才】
1990年から、毎日放送が毎年12月29日深夜から30日未明にかけて放送するバラエティ番組。関西ローカルの生放送。

第6夜

やっと見つけた相方に、その夜、ソッコー別れを告げた

あいつ、最初はこんな芸人だったんだにゃー。
吉本入って消えゆく芸人のパターンに思えるけどにゃー。
よく残ってるにゃー。

2003年4月、僕は晴れてNSC（正式名称はNew Star Creation・ニュースタークリエーション笑）26期生になった。

入学当初は、ランダムにクラス分けをされた。僕たちのときは全部で8クラス。まずは、適当に振り分けられたクラスで授業がスタートする。授業は主にネタ見せと発声、他にもなんかいろいろとあったが、僕は面倒くさくて出なかった。声なんか、がんばったら大きい声出るし、笑いを学びたいからそれ以外のスキルはとくに不要だろうと思っ

ていた。

数か月後、実力別に改めてクラス分けが行われると聞いていたので、それまでに各自が自分の面白さをアピールしないといけないという状況だった。僕としては、なんとしてもロケットスタートを決めたい。高校のときのようなつまずきは絶対にしたくないという思いだった。


NSCでは、コンビを組みたいなら自分で相方を探さないといけない。先生が「コイツと組め」なんて仲介してくれることは一切ないので、すべて自力でやらないといけない。高校の〝徳永英明アイラブユー事件〟からわかるように、僕はスタートがよくない。最初に自分から人に話しかけるのは苦手だ。本当はコンビを組みたかったのだが、誰ともあまり話せなかったため、しばらくはピンで活動していた。

ネタ見せの授業の最初はとても緊張したのを覚えている。

授業前、ホワイトボードに早い者勝ちでネタの順番をエントリーしていく。ここで名前を書かなければネタはやらせてもらえない。たぶん半分くらいの生徒が一発目は様子見というか、感じがわからないので名前を書いていなかったのでは？　僕も最初に名前を書けたか記憶がない。でもＮＳＣに入学したのに、恥ずかしいという理由でジッとしていたら意味がわからないと、何回目の授業か忘れたが、勇気を出してホワイトボードに名前を書き込んだ。

授業の最初は本当にピリピリしていた。人前でネタをした経験のない人がほとんどで、そいつらの前でネタをするわけだ。まぁ笑いは起きない。全員シーンとした中でネタをしていた。

笑いが起きない理由はいくつかある。

①単純に面白くないから
②頭の中が自分のネタで一杯のため、人のネタを聞いていられる状況にないから
③「笑ってたまるか」という尖り

そんな空気の中、ピンでネタをするのはかなり度胸がいる。笑いが起きないのはめちゃくちゃ腹が立つし許せない。そこで僕は、自分のネタで笑わないヤツはすべて面白く

ないと思うようにしていた。仕返しとして僕も人のネタでまったく笑わなかった。

そういう負の連鎖が最初NSCでは起こりがちだ。

実際、クラスメイトのネタをひいき目に見ても、まったく面白いとは思えなかった。結構な人数のクラスメイトがいて、結構な数のネタを見ても、面白いのがなかった。

自分のネタもウケていないが、そのとき僕は「面白いと思えるヤツがいないってことは、僕はやっぱり抜けて面白いぞ」と思っていた。

今考えるとその思考回路はおかしいのだが、

『面白いと思えるヤツがいない＝僕が面白い』

は僕の中で正しい数式となっており、自分のネタで笑いが起きない理由もこれで説明がついていた。つまり「僕のネタがつまらない」のではなく、「周りのヤツらが僕の面白さについてこれないから笑いが起きないだけ」と。だから先生には伝わってるはずなのでよしとしていた。

実は最初のランダムなクラス分けのとき、たまたま濱家と同じだったらしい。濱家は違うヤツとコンビを組んで漫才をしていたらしいが、僕はまったく覚えてない。たぶん面白くなかったんだろう。先ほども言ったように、クラスで面白いと思えるヤツには出会わなかったので。


そして入学してから3か月後、実力別のクラス発表があった。

まず、飛び抜けて面白いヤツらはAクラスへ。これは5～10組しかいなかった。

次に、そこそこ普通に面白いヤツらはBクラス。200組くらいいたのだろうか。だいたい真面目に授業を受けてきちんとネタをしていれば、このBクラスに入れる。

そして、一番下がCクラス。あまり授業に来なかったり、わけわからんネタをしていたり、素行が悪かったり、とにかくBクラスに入れなかったダメなヤツがCクラスにぶち込まれる。

僕の名前は一番下のCクラスにあった。


ゾッとした。

先生だけには僕の面白さがわかっていると思っていた。
え？　じゃ何？　ただ僕はすべっていただけ？　周りのおもんないと思ってるヤツらと同じレベル？

待って待って、待って。

貼り出されたクラス分けの表を見ながら、僕は心の中でパニックになっていた。
僕はお笑いの道に入り、いきなり劣等生の烙印《らくいん》を押されたわけだが、まったく納得はできていなかった。なんで一番下のクラスに自分が入れられてるのか意味がわからなかった。
先生の見る目がないと言いたいところだが、このときのAクラスのメンバーは、今のアキナの山名、アインシュタインの河井、天竺鼠《てんじくねずみ》、藤崎マーケットの2人、そして濱家など、のちにしっかり売れてるメンバーだった……。

先生、そんなに僕ダメでしたか？

Cクラスの授業が始まった。自分がCクラスに振り分けられたことに腹が立っていたので、本当に自分はCクラスにいるべき人間か、周りのヤツと同じレベルなのか見て、もう一度考えようと思った。

でも、授業では周りはおもんないヤツばかり。僕はネタ見せのとき、体育座りをしながら他のCクラスのヤツのネタを見ながら頭の中でずっと「おもんないおもんないおもんないおもんない」と呪文のように唱えていた。あとで考えたらCクラスだからおもんないのは当たり前なのだが。

こんな感じで自分への評価に納得のいかない日々が続いた。このもどかしさを共有できる友達がいればよかったが、周りには面白いと思えないヤツらばかり。

「僕はこいつらとは違うんだ」と思っている僕は、すべての不満と不安を1人で抱え込んでいた。でも、あの数式（面白いと思えるヤツがいない＝僕が面白い）はまだ続行していた。

Cクラスになってますます面白いと思えるヤツがいなくなったので、頭の中では数式により僕は相当面白いヤツということになっていった。だからCクラスになりめげることもなく、ネタ見せは毎回新ネタを用意し全力でぶつかっていた。

当時僕の主力のピンネタは、ラジカセに吹き込んだ自分の声と会話する形式のネタだった。陣内智則さんの劣化版のような感じだ。ちょっと間違えるとラジカセのほうがどんどん会話を進めていき、取り戻しが利かないという弱点はあった。

そのパターンで覚えているのは、僕がニュースキャスターに扮して、火災が起きたニュースを読みながら火災の専門家の方に電話、その電話がラジカセに吹き込んであるという筋書きだ。確かこんな感じだった。

山内　「今日未明、工場で大規模な爆発が起きました。原因は調査中です。本日は火災事故に詳しい専門家の葛西さんにお電話繋いでおります、葛西さーん？」

ラジカセ　「はい、葛西です。火災に詳しい葛西です、はっはっはっ」

山内　「ちょっと不謹慎なんでやめてください」

ラジカセ　「失礼しました」

山内　「今日未明に起きた工場での爆発についてどう思われますか？」

ラジカセ　「なんかの理由でガソリンに引火したのではないかと思います」
山内　「ガソリンに引火ですか？」
ラジカセ　「え？　ギャソリン？？？」
山内　「いや、ガソリン、おっしゃいましたよね？　ガソリン」
ラジカセ　「キャサリン？」
山内　「いや……」

僕的には面白いネタだったので、笑いが起きないのが不思議だった。今読み返してみても面白いと思うんけど、みなさんどうですかね……？

こうやって、僕はずっと自分の面白さを疑わなかったので「ちゃんと評価できる人がいたら、僕はすぐ売れるはず」、そう思っていた。しかし、ピンの活動には限界を感じてもいた。

そもそもピンでずっとやりたいわけではなく、一時的にピンでやっていただけだったので。第一希望はずっとコンビだった。でも組む人がいない。

自分から「コンビ組もうよ」とはなかなか言えなかった。女子に「ホテル行こうよ」って言うのと同じくらい勇気がいる言葉だったので。

そんな僕も、1回だけコンビを組む機会が訪れた。相方はインドネシア人と日本人のハーフで、ヤツが「1回コンビ組んでみーひん？」と誘ってくれたのだ。ハーフと言いつつ、見た目も日本人やし、日本語もペラペラ。楽しそうな感じのヤツやったのでコンビを組んでみることにした。

ネタは僕が書いた。初めて漫才を書いた。

どんな内容だったか覚えてないが、たぶん全然面白くなかったと思う。

でも初めて書くなりに、目新しさを求め、ベタなボケは入れず、攻めたツッコミを入れた台本を書いた。そしてその台本をインドネシア人とのハーフの相方に渡し、二、三度練習してネタ見せの授業に挑んだ。練習では楽しく決して上手とは言えないが、味のある感じにできていた。

……しかし、いざネタ見せの授業でみんなの前に立ってネタをすると、インドネシア人とのハーフの相方は全ボケに対して「いうてる場合か」しか言わなかった。というか「いうてる場合か」しか言えなくなってしまっていた。どんなボケをしても、ヤツはすべて「いうてる場合か」とツッコんできた。練習とはまるで違う。〝全〟いうてる場合か。

ネタ見せの授業が終わると同時に僕は解散を申し出た。

「解散しよう」という申し出に対して、ヤツが「いうてる場合か」と返してきたらコンビは続けていただろうが、返ってきた返事は小さい声で「ごめんなー」だった。

こうして切ない気持ちのまま、インドネシア人とのハーフの相方とは解散した。

その後、「クラスで顔合わせたら気まずいなー」とか、「他の人とコンビ組んでくるかなー?」などといろいろ考えていたが、解散後にヤツとは会った記憶がない。僕と解散したきっかけでNSCを辞めたのかなんなのか、結局卒業までヤツと会うことはなかった。

というかあれから一度も会っていない。インドネシア人とのハーフの元・相方は僕のことを覚えているのか、今何をしているのか、ちょっと気になっている。

と言いつつ、ヤツの名前は憶《おぼ》えていない。

第7夜

かまいたち結成。〝鎌鼬〟の漢字を密かに練習した夜

かまいたち、スタートダッシュがよくなかったんだにゃー。

コンビ組んだいきさつとか、やっぱり奇跡的だにゃー。

よかったにゃー。


結局僕は、一度もCクラスから上がれぬまま、NSC卒業の日を迎えようとしていた。

濱家はというと、最初のクラス分けでAクラスに上がったものの、コンビを解散してはCクラスに落ちてきて（解散すると必ず一番下のCクラスに落とされるシステム）、またコンビを結成してはAクラスに上がる、を繰り返していた。

当時の濱家のことをほとんど覚えていないと言ったのは、メンバーというか、グループの層が違ったからだ。NSCでも派閥ではないが、高校のときのクラスのように一軍、

二軍が存在していた。僕は二軍、濱家は一軍だった。

濱家は〝俺おもろいでっせ〟オーラを出しみんなを仕切っていて、そんな感じ出しときながらアンパンマンのネタをしていた。

絶対に面白くない。

こいつとは、絶対仲良くはならないと思っていた。おそらく「明るいというだけでAクラスに選ばれたくせに」、僕はそう思っていた。だからNSCでの1年間は、濱家の動向など一切気にしてなかった。

NSCの最後の日、僕は焦っていた。

結局1年間通ったのに、コンビは組めずじまい。NSCを出るとその後は、各自で吉本のオーディションに出場し、合格すれば吉本所属になって活動するという道しかなかった。つまりNSC内でコンビを組むチャンスは、この最後の1日しかない。

そう思い込んでいた僕は（実際は卒業後もインディーズライブなんかで知り合う機会

はあったみたいだが)、強盗がどの家に押し入ろうか物色するような目つきでクラスのみんなを再度見定めていた。

そのとき、前の相方とコンビを解散してCクラス落ちしていた濱家が目に入った。

「こいつは目が細くてチャラいし、絶対友達になりたくないタイプだけど、いろんなクラス行き来してるから顔は広いよな。このままNSCを卒業したら、もう相方を見つけるチャンスはないかもしれない。だからこいつ目が細くてチャラいけど、連絡先を交換してもらっといたら、いい相方見つけるのに繋がるかもしれへん」

とっさにそう思った僕は、ここが勝負どころだと踏んで、全然仲良くもない、むしろ否定的だった細目チャラ男の濱家に連絡先を聞こうと心に決めた。

めちゃくちゃ勇気がいる。断られるかもしれないし、こいつは目が細くてイヤな顔つきをしているからバカにしてくるかもしれない。でもここは勇気を出すしかない!

……実はこの感覚は過去に1回だけ味わっていた。

男として勝負しなきゃならない、絶対に大事な瞬間。

動くのが正解確定なのに、なかなか動けないあの感覚。

それは大学生のときにスロットの『猛獣王』という爆裂機がフロアを席巻していた頃にさかのぼる。奈良の大学に通っていた僕は、スロットに明け暮れていた。当時、猛獣王を爆出ししてるお店があり、僕はよくそこに通っていた。

その日もいつものように朝イチに行ってみると、すでにサバチャン[※1]に入り（スロットわからない人すいません）、めちゃくちゃ出してるお兄さんがいた。うらやましそうにそのお兄さんを見ながら、僕は1時間ほど打って2万くらい負けて家に帰った。

でもまたやりたくなって、15時頃再度そのお店に行った。すると、朝から連チャンしていたあのお兄さんはまだサバチャン中、めちゃくちゃ箱を積んでいた。ありえない連チャン。設定がよいのは確定だ。いや、もしかしたら裏設定なんちゃう？　そんくらい出ていた。

うらやましすぎるなーと思っていたそのときだ！

お兄さんは連チャン中にもかかわらず、止めて帰るような気配を見せた。これはスロットに通ってるものにしかわからない、本当に薄〜い気配。しかし僕はそれを感じとった。

台を譲ってほしい！　僕に打たせてくれ！

僕は腹の底からそう思った。周囲の手練《てだ》れたちも、お兄さんが帰るかもしれないわずかな気配を察知し色めきだっていた。

しかし、見ず知らずのお兄さんだ。まだ本当に帰るのかもわからない。帰るとしても、この台をもう誰かに譲るのが決まってるかもしれない。声をかけたところで恥をかくだけかもしれない。

僕の頭の中ですごい葛藤が起こった。おそらく周りの人達も同じ考えで、動くに動けずにいた。わかる人にはわかる、ピンと張り詰めた空気が漂った。1人が刀を抜こうとした瞬間、全員が刀を抜くであろう、そんな空気感だ。

僕は思った。今この状況で声をかけるのはかなりリスクが高い。声をかけて断られたら後悔はするだろう。恥もかく。

でも声をかけずにいて、先に声をかけた他の人に台を取られたら、僕はもっと後悔するだろう。


ここは勝負するときじゃないか？

そう、勝負するときだ！


僕は意を決してお兄さんに声をかけた。

「あの〜、もしこのあと帰られるなら、その台を譲っていただけませんか？」

心臓が破裂しそうだった。

すると、お兄さんはサラッと言った。

「あっ、いいですよ、もうやめますんで」

おっしゃ――――――――――――――――！！！！

僕はフロアに迷惑がかからない程度に小さくガッツポーズした。

周りにはお兄さんの〝止め気配〟を感じていた強者共がかなり距離を詰めていたが、僕との交渉成立を見ると、みんな舌打ちをして刀を納めて散っていった。

勇気を出した僕は勝者になった。お兄さんに譲ってもらったその台は、閉店までサバチャンが止まらずになんと40万円も勝った。

勝負すべきときに勝負しないといけない。

僕はこのときそう思った。その感覚と濱家に連絡先を聞く感覚は非常に似ていた。僕は勇気を出して濱家に話しかけた。

「あのー、今後のためにもしよかったら連絡先交換しといてくれへん？」

濱家とコンビを組みたいわけではなかったので、そういう言い方になった。濱家はたぶん「なんやこの変なヤツ」と思っただろうが、連絡先を交換してくれた。

あそこで勇気を出して濱家の連絡先を聞いていなければ、『かまいたち』というコンビは結成されていない。もっと言えば、猛獣王のときに声をかけた経験があったからこそ、僕はあそこで連絡先を聞けた。

猛獣王ありがとう。

さて、連絡先を聞いたはいいが、僕は濱家に連絡をしなかった。相方を紹介して、とはなかなか言えないので、何かタイミングがあればなぁと思っていた。

結局、僕はNSC卒業後も、まだ1人でやっていた。ピンでオーディションを受け続けた。オーディションではある程度ウケてはいたものの、合格には届かず、1人は無理だな、コンビ組みたいな、と思いながら。

そんなある日、濱家から突然電話があった。僕がピンで受けていたオーディションを見に来ていたという。そして「オーディション見て面白いと思った。よかったらコンビ組まないか」と誘ってきたのだ。

まさか濱家のほうから電話をしてくるとは。しかもコンビを組まないかと。

正直、僕の中で濱家はコンビ相手の選択肢にはまったくなかった。

それは濱家の目が細いというのもあるが、くそおもろないアンパンマンのネタをしていたというのもあるが、何より一軍と二軍は組まないだろうと思っていたからだ。

NSCで1年間ずっとCクラスの僕と、ほぼAクラスにいた濱家がコンビを組むわけないと思っていた。

前にも述べたが、僕がNSCで唯一組んだコンビの相方は、「いうてる場合か」しか言えないインドネシア人と日本人のハーフのヤツ。「いうてる場合か」以外も言える濱家と組めるなんて、スーパーラッキーだと思った。

僕は即OKした。

コンビを組んでみてわかったのが、NSC時代に僕が抱いていたチャラい細目のイヤなヤツという印象とは違い、濱家はお笑いにストイックなちゃんとしている人だった。

めちゃくちゃチャラくて感性ズレズレだったらどうしよう、と少し心配していたのでめちゃくちゃ安心した。

そして、濱家とコンビを組んだことで僕の『お笑いの世界』はめちゃくちゃ広がっていった。

まず、コンビを組んだことをNSCの先生に報告しに行こうということになった。

「NSCの先生と繋がっている濱家すげー、さすがAクラス、組んでよかったー」

いきなりそう思った。

あいさつに行くと、NSCの怖かった先生が濱家と仲良さそうにしゃべり、「コンビ名決まっていないなら付けたるわ」と言ってきた。

2人で「お願いします」と言うと、『鎌鼬[※2]（かまいたち）』と名付けられた。のちに読みにくいという理由で平仮名にするが、最初僕たちは漢字表記の『鎌鼬』というコンビ名だった。

人にコンビ名を付けてもらっていたのは結構意外に思われるかもしれないが、僕はコンビ名にまったく執着はなく、ネタが面白ければコンビ名はなんでもええやんと思っていた。

ちなみに自分でも濱家とのコンビ名は一応考えていた。それは一番カッコいいと思っている完全創作の名前『ラフィンルーシェン』だった。余談ですが、僕は『ダービースタリオン』、『ウイニングポスト』なんかでも一番期待している馬にこの名前を付けていた。本当に意味とかはなく、ただただ響きがおしゃれでカッコいいというだけの名前だ。

とにかく、コンビ名が『ラフィンルーシェン』でなくてよかった。いかにも売れなさそうなテンポ重視の漫才をする、ボケがすばしっこい動き系のコンビ名みたいだ。

コンビ名が決定したあとも、濱家主導のあいさつまわりは続いた。次は濱家が仲良くしている同期芸人たちへのあいさつだ。ここで僕は、自身のお笑い価値観においてものすごく衝撃的な経験をする。「自分より面白い」と思えるヤツらに、初めて出会ってしまったのだ……！

1年間NSCにいて、1回も出会わなかったのに。

みんながたむろしているというファストフード店に向かうと、そこにはNSC時代出会ったことのなかったAクラスの面々がいた。貼り出されたクラス分けの表で名前だけは目にしていたが、Cクラスの僕とはまったく接点のなかったメンバーたちだ。

天竺鼠、当時別々のコンビだった藤崎マーケット、アインシュタイン、アキナ。超豪華なメンバーだ。

「藤原時《とき》って女ちゃうんや」とか、

「天竺鼠めっちゃ悪そうな顔してるやん」とか、
初めて見るAクラスの面々が、想像していたのと違いすぎて僕は驚いた。

まず僕は軽くあいさつをして、普通にポテトを食べながらみんなと会話した。正直、Aクラスのお笑いセンスを僕は認めていなかった。なんたって、くそおもろないアンパンマンのネタをしている濱家でもAクラスにいたわけだから、ただ明るいだけとか、ちょっとしゃべれるとか、その程度のヤツらだろうと僕はナメていた。
しかし、ほんの少し会話をかわしただけで僕は思った。

「やばい、こいつら面白い……」

すぐにわかった。めちゃくちゃ面白いヤツらだと。チャラい笑いではなく、自分と同じ本格派のお笑いのヤツらだと。
面白いヤツに出会えてうれしい反面、少しショックでもあった。なぜなら自分より面白いヤツなんていないから、簡単に売れるだろうと思っていた僕のプランが完全に崩壊したからだ。

面白いヤツはいた。しっかりいた。

僕が面白くないCクラスに1年間いたから出会わなかっただけで、面白い同期はめちゃくちゃいたのだ。しかも困るくらい面白いヤツらが。

あとで聞いたが、そんな僕の同期たちへの最大限の賞賛とは裏腹に、ヤツらは僕が先に帰ったあと、濱家に「あいつは面白くないからコンビ組むのやめとけ。目が死んでる」とコンビ結成を本気で止めていたらしい。

今思うとかなり危ない状況だ。

おい天竺鼠・川原、藤崎マーケット・藤原、何を言うてくれとんねん!!

でもこれも仕方なかった。高校のときのスタートダッシュつまずきと一緒だ。

僕は最初の印象がとにかくよくない。めちゃくちゃ暗い。

このとき僕は、川原と時にマニアックなプロレスの話をテンション低めにずっとしゃべって、みんなより先に帰った。そりゃ、コンビ組むのやめとけ言われるか。

もし周りの言うことを濱家が素直に聞いていたら、僕はコンビ結成数日にして解散を告げられてただろう。

しかし濱家は、周囲の反対を押し切って僕とコンビを組んでくれた。濱家は、「あいつは気持ち悪いけどネタは面白いねん」と周りに言っていたらしく、それを聞いてみんなは、「まぁまぁ、ほなネタ見てから決めよう」みたいになったようだ。

でも川原だけは最後まで「いや、絶対やめたほうがいい」と言っていたらしい。


知らぬ間に起こっていた解散危機を乗り越え、かまいたちは始動した。

初めてのネタ作りでは、2人で話し合って作ろうということになり、僕がざっと書いていったネタを2人で直していくことになった。

濱家は当時、ネタも書けるスタンスでいたから、僕は「さすがAクラス、ネタもまかせていいかも」とネタ合わせ前の濱家の気配からそう思っていた。

ファストフード店に集まり僕が書いてきたネタを見せると、濱家は開口一番、「最初にあんまり面白かったらあかんねん。徐々に面白くなったほうがいい。だから最初はうん、こんくらいのボケでええねん」と言った。

最初にあんまり面白かったらあかんねん……？

今思えばなんでやねんだが、当時の僕はなるほどと思い、そのままネタを直していった。立場上ずっとAクラスにいた濱家のほうが、お笑い的に上な感じが僕の中でなんとなくあり、機嫌を損ねてはならないとも思っていたのだ。今まで自分1人で自分の感覚でやってきて結果が出なかったわけだから、まずは濱家の言うことを聞こうと思っていた。

そして濱家の言うがままのネタで、かまいたちとして初めてオーディションに挑んだ。『プレステージ』というゴングショー形式の厳しいオーディションで、面白くなければ最後までネタを見てもらえず、すぐに不合格音が鳴らされて落選する。

記念すべき初回オーディションは、濱家が修正した漫才で挑んだ。

僕たちの番がきた。勢いよく舞台に飛び出し、センターマイクにたどり着いた。

濱家　「はいどーも、かまいたちです。よろしくお願いします」
山内　「お願いしますー」
濱家　「もう夏やなー」

山内　「そやなー、俺海行きたいけど海いうたらあれが怖いねん」（サメのジェスチャー）

濱家　「あぁ、サメな」

山内　（デューク更家《さらいえ》の歩き方）※3

濱家　「いや、デューク更家やないか！」

デデデーン　**［不合格音］**

秒速で落ちた。最初のオーディションは、びっくりするほど秒速で落ちた。

不合格音が鳴ったのは、濱家が提案して最初に持ってきたあまり面白くないボケの箇所だった。やはり、最初にあんまり面白かったらあかんねん、なんてことはなかった。ネタは最初から面白くないとダメだった。僕は思った。ネタ書きは僕がやらなきゃ。

そこからは僕がネタを書いた。机に向かってゼロから考えるという書き方ではなく、日常でふと面白いと感じたことや、パッと浮かんだことを携帯でメモっておき、それを頼りにネタに仕上げていくという方法だ。

オーディションが近づき、もうネタを書かないと間に合わないというギリギリのタイミングになったら書き始めるのは今も同じで、単独ライブが近づいてきたら携帯のメモを見てネタの元になるものから広げていっている。

それを2人で直して直して直して直して直して直して……単独ライブで披露する。それがウケたら、さらに直して直して直して直して直して直して直して直して直して直して……。

M-1にはそうやってネタをもっていった。

しかし、僕がネタを書き出してからもオーディションには落ち続けた。

月に1回ある吉本の劇場のオーディションも落ち続けた。周りの同期たちはポツポツと受かっていく中でも、僕たちはずっと落ち続けていた。本当に受からなかった。1年間ずっと落ちた。

この『プレステージ』というオーディション以外に、売れる道はないと思う。ここがすべての始まりの場所だった。

ちなみに、このプレステージに受かると吉本から振込先などを聞かれ、初めて舞台ギャラが振り込まれるようになる。当時の感覚で言うと、プロとインディーズの境目がここにあった。だから僕たち含め若手は、必死でこのオーディションに挑んでいた。

コンビを組んで1年以上が過ぎ、また一組、また一組と同期芸人たちがプレステージに受かりだし、自分たちだけ不合格の日々。

普通なら焦りそうなものだが、僕に不安はなかった。なぜなら、自分が面白いと思っているヤツらが確実に受かっていたからだ。

自分が面白くないと思うヤツばかり受かっていたら感覚を疑ったかもしれないが、納得の合格者、自分の感覚は間違ってないと思っていた。

自分も自分が面白いと思うことをやってる。
感覚は間違ってない。
あとはどううまく伝えるかだ。
それができれば合格は手に届くはず。
そう思っていた。

今でこそネタ合わせは会社の会議室を借りてしたりするが、当時はもちろん無理。僕たちはいつもなんばHatch[※4]（ハッチ）という場所で、地べたに座ってネタを考え、壁に向かって漫才をしていた。

冬になり寒くなると、『ジャンカラ』[※5]でネタ合わせした。ジャンカラの昼からのフリータイム料金はめちゃくちゃ安く、お金はあまりなかったが、あったかい環境でネタ合わせができた。

今思えばもっと必死でネタやれよだが、当時僕たちは少しネタ合わせをしてはカラオケをして、2人でおすすめの曲を歌い合ったりしていた。

このとき、いかに相手に刺さる曲を歌えるかがポイントになっていた。僕の歌ったnavy& ivory[※6]の『指輪』は濱家の心に深く刺さり、今でもよく歌うお気に入りの一曲となった。

……という感じで、僕たちの危機感は本当にゼロだった。オーディションに落ち続けていることについて、2人で話し合うこともなかった。

僕はいつか受かるだろう的な気持ちとともに、落ち続けていることを話し合ったら、もっとネタ合わせしようとか、ネタの数を増やそう、という流れになってお笑いをがんばらないといけない状態になるのがイヤだった。そんなんでうまくいくわけないのに、いかに怠けて生きるかを考えた結果、こういう思考に行きついていた。

ここ数年になって僕はようやくがんばることを覚えたが、根本にあるのはいかに怠けて生きるか精神な気がする。将来怠けて生きていくためにも、今をがんばることが必要だと思っている。

『怠惰を極めて勤勉に行き着く』

この格言は素晴らしすぎる。

※1【サバチャン】
パチンコ・パチスロ用語。『獣王』、『猛獣王』シリーズにおいて、出玉獲得機能のひとつであるAT（アシストタイム）の「サバンナチャンス」を指す。要はメダルや玉の増加チャンスのこと。

※2【鎌鼬】
日本各地に伝わる妖怪で、つむじ風に乗って現われ人を切りつけると言われている。そのため、つむじ風により路上などで突然皮膚が裂けて鋭利な鎌で切ったような傷ができる現象のこともこう称する。

※3【デューク更家】
ウォーキングドクターとして、独自のウォーキングスタイルを提唱し広める活動を続けている。

※4【なんばHatch】
大阪市浪速区にある多目的複合イベントスペース「湊町リバープレイス」3〜6階を占めるライブハウス。建物の外観が八角形だから命名されたらしい。

※5【ジャンカラ】
「ジャンボカラオケ広場」の略名で、カラオケ歌い放題＆いつでもソフトドリンク飲み放題で安い！

※6【navy&ivory】
男性2人組の音楽ユニットで2000年に結成、2013年に無期限活動停止。代表作『指輪』は2005年に発売された。

第8夜

その夜、僕は手取り450円を握りしめてパチスロに向かった

ここでやっと吉本に入れたのだにゃー。
めちゃくちゃオーディション落ちとるにゃー。
その間、そんなにギャンブルして、
そんなにバイトやってたんだにゃー。

そんなこんなで、プレステージには1年間落ち続けた。

しかし1年目の最後のほうはネタの序盤で落とされることもなくなり、最後までネタをやりきれるようになっていた。大幅にネタの方向性を変えるでもなく、とにかく自分たちが面白いと思うネタでチャレンジし続けた。

ただ最初の頃と少し変わったのは、自分が大好きでも客ウケの悪いボケはなるべくしないということ。独りよがりのオナニーネタだけにはならないよう、意識していた。

そしてついに合格の日はやってくる。

俳句を読みながら料理をするという、今思えばわけのわからないコントだが、五・七・五の俳句でしゃべるボケのコントみたいなパターンがこのときのマイブームで、その完成形のようなコントだった。

「これでダメならブチギレや」

それくらい手応えがあった。実際客ウケもよく、最後までネタをやりきれた。

僕がネタのオチを言った瞬間――。

テレレレテンテレンテンテテテッレーン、チャンチャン!!!

ついに合格音が鳴った！

2人とも小さな昇龍拳みたいな動きになって、拳を突き上げた。吉本の最下層のオーディションではあったが、このとき自分のお笑いが初めて吉本に認められた気がした。

プレステージに受かり、ようやくかまいたちは吉本所属〝のような〟形になった。

今でも覚えてるが、吉本から最初に振り込まれたギャラは、

500円だった。

みなさんも聞いたことがあるかもしれないが、吉本の若手芸人へのギャラの安さはウワサ通りで、本当にワンステージ500円だった。さらにそこから源泉徴収なるものを引かれていて、手取りは450円。でも、とんでもなくうれしかった。僕たちがまじりっ気のないお笑いで得た、初めてのお金だったので。

しかし、プレステージは1回受かったから安泰というわけではなかった。その後の流れでいうと、月末に合格者だけで行われるバトルがあり、上位数組だけが劇場所属メンバーとの入れ替え戦に出場できる。勝ち抜いて劇場に所属したあとも、毎月上の組との入れ替え戦や、下の組との入れ替え戦がある。

つまり、ずっと戦って勝ち続けないと劇場所属メンバーにはなれないし、い続けられない。最初にプレステージに受かったときは、月末の合格者だけのバトルであえなく敗退した。

喜んだのも束の間、また次の月からプレステージを受けて上を目指す生活が始まった。

ただ、一度プレステージに受かったということは自分の中でかなり自信になった。

自分たちだけが面白いと思うのではなく、周りも僕たちを面白いと評価してくれるネタができるようになっている自負はあった。しかも月イチでプレステージにエントリーするときも、過去に一度でも合格した実績のあるコンビは行列に並ばず、他の芸人たちをスルーできる。

初めて列に並ばずに、並んでる他のコンビを追い抜いてエントリーしたときは、

僕はもうあなたたちとは違うんです、もう選ばれた人間なんです。


と少し浮かれている自分がいた。……とはいえ、当然まだお笑いだけで生活できるわけはなく、バイトしないと生きてはいけなかった。

当時僕は漫画喫茶でバイトをしていた。

僕のバイト経験はかなり豊富で、アパレルショップの店員、ゴルフのキャディ、家庭

教師、カラオケ屋の店員、などなどいろいろ体験していた。

最終的に行き着いた漫画喫茶のバイト、そこで僕は月15万くらい稼いでいた。時給は850円くらいだったので、かなりヘビーだった記憶がある。

たいていは18時から朝の6時くらいまでの、いわゆる夜〜深夜帯の勤務で、この時間帯ならではの体験は、のちのエピソードにたくさんつながって非常に有意義なものだった。

とくに『すべらない話』[※1]でさせてもらった〝漫画喫茶の話〟は、ここであれだけヘビーに働いていたから出合えたのだと思う。

1日平均12時間のバイトを月13日くらい。当時はそれで十分生活できたはずなのに、僕にはまったくお金がなかった。


それどころか150万くらい借金をしてしまった。

原因は100%パチスロ。バイト代はほぼ全額パチスロに使っていたと思う。ネタを考える間も惜しんで、僕はひたすらパチスロをしていた。無我夢中で。

月に1回の大事な大事なプレステージも、1回合格したことからくる気のゆるみなのか、僕たちは期限ギリギリになってネタを作り、軽くネタ合わせをしただけでオーディションに挑んでいた。ネタ合わせと称したカラオケの熱唱タイムも増えていた気がする。プレステージという大難関に1回受かっただけで、もう何かみんなに認められた気になっていた。「僕はプレステージ合格者だ」というなんの肩書きにもならないものを自慢げに抱えて、怠惰な日々を送ってしまっていた。


今思えば、なんて時間のムダ遣いで、そんなスタンスで上に行けるわけはないのだが、当時は「芸人ってこんなもんやろ」という間違った考えに陥っていた。たぶん濱家もだって濱家もパチスロしまくって、借金もしまくってたもん。

あっという間に僕は借金で行き詰まり、完全に自転車操業状態になっていた。月々の返済額は6万円程度だが、うち3万くらいは利子で、返しても返しても元金はほぼ減らない。

さらに、返したらソッコーで別口から借りるという、カスの中のカス行動を繰り返していた。確かピーク時は4社からお金を借りていた。

普通に生活していれば15万くらいのバイト代で問題なく生活できたのに。僕はそんな状態でもスロットをしていた。

ええ、ギャンブル中毒です。もちろんです。

しかしある日、僕は神から強烈なお告げを食らった。

いつものように漫画喫茶でバイトしていたときのこと。レジの売上金を、スタッフルームにある金庫に入れに行ったときだ。

売上金を入れて金庫を閉めようとしてもなかなか閉まらない。何回もドアをバタンバタンさせても、なぜかその日金庫がしっかり閉まらなかった。

だんだん腹が立ってきた僕は、思いっきり金庫のドアをバタン！！！！と閉めた。

車のドアを勢いよく閉めたらとんでもない音がして、人から「怒ってんのかお前？」って思われることがあるが、そのとき僕は、あれの数倍上の勢いで金庫のドアを閉めた。

すると、意味がわからないと思うが、僕はドアの右端のほうをつかんだままだったので、その勢いで指がドアに挟まり、金庫のドアに親指が入ったまま閉まった……ほんと意味がわからないと思う。

自分でも今、「どういう状況やねん」と書きながらツッコんでしまった。

でも、本当になぜかそんなところに指を置いていたため、僕の親指は金庫に挟まった。

焦って引き抜くと……。

＊＊＊ここからは本当にただ痛い描写になります＊＊＊

親指の爪の生え際から半分くらいがちぎれかけてダラ～んとして、そこから血がブワッと吹き出していた。


みんなだったらその瞬間何を考えるだろう？

「ケガしてしまった！」

「治るかな!?　大丈夫かな!?」

いや、その前に「痛い痛い痛い痛い痛い！！！！」のはずだ。

でも、僕は違った。僕は違って「スロットやめよぉ」とまず最初に思ったのだ。それは、神様からの、スロットをやめさせるための強烈なメッセージだと、僕は瞬時にわかった。

わかる人はわかると思うが、スロットは打つときに親指をかなり使う。その親指を、あり得ない事故でケガした。本当にあり得ない状況。

僕の守護神が手荒な方法で僕のスロット癖を止めにきた。そうとしか考えられない。

さあ、僕の親指の先はますますダラ～んと垂《た》れ下がり、大量の血が流れ出している。

僕はスタッフルームからレジのあるカウンターまで息も絶え絶えで戻ったくせに、他のバイト仲間に「ケガしてもうたわー」と平気な感じで話しかけた。

その瞬間、耳のボリュームがどんどん下がり何も聞こえなくなってきて、それと同時に周りが真っ白になって気絶しかけた。

だがそれでも僕は「こんな状態で気絶したら恥ずかしい、耐えなければ」と思い、しゃがんで呼吸を整え、平気で冷静な感じをアピールしながら他のバイトの子にこう言った。

「一応救急車呼んでもらっていい？」

あとで調べたら、人は痛みがひどすぎると脳がこれ以上耐えられないと判断し、シャットダウン（気絶）しようとするらしい。僕はなんとか脳からの強制シャットダウンに耐えられたということだ。

救急車が到着し、僕はあくまで平気な感じで乗り込んだ。救急車に乗ったのはそのときが初めてだった。

指から血が出て激痛だったが、隊員の人に「大丈夫？」と聞かれても冷静な感じで「かなり痛いですけどねー、大丈夫は大丈夫です、でも結構痛いっすよ」と返した。アドレナリンも出て変なハイテンションになっていたようで、僕は隊員の人にものすごい勢いで話しかけていた。

「これ絶対お告げなんですよ。スロットやめなあかんなやめなあかんと思いながらずっとやってて。そしたら今日、金庫で指挟んでこんなことになったんですよ、絶対、守護神が止めにきたんですよこれ」

隊員さんは止血しながら無言で僕の饒舌《じょうぜつ》な話を聞き、僕がしゃべり終わるのを待ってこう言った。

「**静かにしてください**」

なんとか治療がうまくいき指は元通りに治ったが、これを機に僕は債務整理をして消費者金融のカードをすべて破棄、借金は全額返済してイチからがんばることにした。

ほぼ毎日通っていたスロットはやめ、空いた時間はバイトと、ネタ作りの時間に当てた。雑になりかけていたネタ作りは、時間がたくさんできたおかげで以前よりもクオリティが上がっていった。

その頃からだと思う、落ちたり受かったりだったオーディションに安定して合格するようになったのは。そしてついに入れ替え戦でも勝ち抜き、かまいたちはやっと吉本の劇場所属メンバーになった。

※1【すべらない話】
『人志松本のすべらない話』のこと。何度聞いても面白い〝すべらない話〟を、松本人志をはじめとする精鋭たちが披露することだけでお送りするという、とてもシンプルな番組。もちろんすべてのお話は実話である。（フジテレビ公式HPより）

第9夜

彼女と突然の別れ。100万円勝ちながらもそっと涙で枕を濡らした夜

全然興味ないにゃー。
ここの話、キツいにゃー。
みんなとばすにゃー。

僕は今でこそフィーチャーされなくなったが、ちょっと前までは『ブサイク芸人』の筆頭にいた。劇場のブサイクランキングでは常にトップ争いメンバーに加わり、吉本全体でも10位台にはつけていた。かなり長い間。

強がりじゃなく正直に言うと、僕はこのランキングになんの興味もなかった。確かに自己評価でいうと、ブサイクなのはブサイクだが、そこまでではない、という感じ。だ

から周りから見た目をめちゃくちゃいじられても、ブサイクブサイク言われても、僕の心にはまったく響かなかった。逆に「なんでこの人、僕のことブサイク言うてるんやろ、いじるほどブサイクでもないのに」くらいに思っていた。

たまに、「ブサイクって言われてイヤじゃない？」とか、「(ブサイクなことについて)なんとも思わへんねん？」と聞かれることもあったが、

ほんまになんとも思ってなかった。

深く考えたことはなかったが、今あらためて冷静に分析すると、おそらく僕には〝**常に可愛い彼女がいた**〟からだろうなと思う。

高校生まではまったくモテなかったが、僕には大学に入学してからは常に可愛い彼女がいた。客観的に見てバランス的におかしいくらいの可愛い彼女が。

ウソじゃない。常に、だ。

おそらく芸人という仕事をしてなかったら出会っても見向きもされてないであろうが、僕には常に可愛い彼女がいた。今は可愛い嫁もいる。

おそらく可愛い彼女がいることで、僕の精神バランスが保たれ、心の余裕に繋がっていたのではないか。だから僕には、ブサイク芸人の称号がまったく響かない。

いい機会だし、僕の彼女歴についてちょっと振り返ってみようと思う。

芸人になってすぐの頃、僕には大学生の頃から付き合っている彼女がいた。その子は例の、〝大学大モテ期〟に告白してきたちょー可愛い後輩四天王の1人だ。大学2回生のときから付き合い始め、僕が卒業しても続いていた。

しかし、向こうが大学を卒業するタイミングで僕はふられた。

そのときに言われた言葉がなかなかショッキングで、

「**あなたが言ったことに、心から笑えたことはない**」

だった。

実は、高3で初めて付き合って大学1回生のときにふられた彼女にも、「あなたの言ってることに、実はみんな笑ってないからね。苦笑いしてるだけだから」と同じようなことを言われていた。

……わからない。

アメリカンジョークのようなシニカルなボケをしていたつもりはなかったのに。この衝撃の告白は、自分の面白さについて揺るぎない自信を持っていた僕を初めて一瞬不安にさせた。

自分の面白さについて疑ったことはなかったし、NSCで何があっても不安に陥ったことはなかったのに、付き合っていた彼女から言われたこの言葉で「もしかして僕はボケと称してひどいこと言ってるだけなのか」と、不安な気持ちになった。

そのあとは、チケットの手売りをしてるときに番号を渡された子と付き合った。可愛い子が、向こうから連絡先を教えてくれる、これが芸人なのかと思った。普通なら相手にしてもらえるはずのないめちゃくちゃ可愛い子、絶対にあり得ないくらいの見た目の差が僕とその子にはあった。

……しかし、僕のワンナイトラブ浮気がバレて別れると言われ、めちゃくちゃケンカになった。ケンカといっても激怒する彼女に僕がただひたすら謝って「別れないでー」となだめるだけのものだった。

もう別れると言い放った彼女が、自転車に乗って帰ろうとするのを僕は必死で止めた。自転車を止める際に、向こうは自転車の上から僕を殴り、僕は徒歩でそれを防ぎながら「いっ、1回話をしよう」と呼びかけていた。

戦国時代あたりの戦では、軍は騎馬隊と歩兵隊に分かれていたらしいが、僕は昔から「馬上から攻撃するメリットってそんなにあるかなー？　歩兵隊のほうがいろいろ小回りも利くし有利そうな気がする」と思っていた。

しかし、実際に歩兵と騎馬の闘いを自分が身をもって体験し、戦いにおいては完全に騎馬のほうが優位だという事実を思い知った。

次に付き合った子は、さらにとんでもなく可愛かった。その子も劇場前でチケットの手売りをしてるときに連絡先を渡してくれた。最初、可愛すぎてドッキリかと思ったのを覚えている。ドッキリじゃないとおかしいやろ、と何度も確認してしまったくらい、僕に不釣り合いなめちゃくちゃ可愛い子だった。

その子とは4年くらい付き合った。

付き合ってすぐ、「こんな可愛い子と結婚できたら最高やん」と思い、同棲しようと決意した。二度と出会えないと思うほど可愛かったので、きっとこれはラストチャンスだと確信したのだ。

当時はまだお金もなかったが、その子と住むために家賃6万のマンションから12万のマンションに引っ越した。

初めての同棲。

自分は人と住むのには向いていないと思っていたが、その子とはノンストレスで一緒に過ごせた。

犬派でも猫派でもなかった僕だが、その子が猫を飼いたいと言い出したので一緒に猫を飼うことになった。しかし、僕も彼女も貯金はゼロ。だから猫を飼うために、悪名高い（!?）『よしもとファイナンス』でお金を借りた。

本社の会議室で借用書に記入していると、担当の経理の人に「ここの借りたお金の使途のところも記入してください」と言われたので、僕は正直に「猫飼いたい」と書いた。

そのときタイミング悪く、吉本の社長が僕たちのいる会議室に間違って入ってきた。

「すまんすまん、部屋間違えた、何してんの？」

社長にそう聞かれ、僕はヘラヘラしながら「会社からお金貸してもらおうと思いまして。へへへ」と答えた。

すると、社長は僕が記入した借用書を手に取って金額やら何やらチェックして、担当の経理の人に「猫飼いたいとかで金貸すなよ」と言った。ボケと思われたかどうかはわからなかったが、僕はとりあえずヘラヘラしてその場を切り抜けた。

無事にお金を借りられたのだ。額にして確か15万円。

よしもとファイナンスで借りたお金を握りしめてすぐにペットショップへ行き、スコティッシュフォールドの猫ちゃんを買って『ガフ』と名付けた。

彼女がそう名付けたいと言ったから決めたので、由来はよくわかっていない。

2人とも猫を飼うのは初めてだった。

ガフは抱っこして顔の高さまで持ち上げると、いつも鼻をペロッとなめてくれた。優しくて甘えん坊で、僕たちは本当にガフが大好きだった。

……だが、そのガフは急性の病気にかかり、わずか2歳で死んでしまった。

初めて飼った猫が死んでしまったショックと、もっと自分たちに猫の知識があれば助けられたのではないかという気持ちから、2人とも泣きまくった。そして、天国から見ているガフに僕たち2人が家でケンカしてる姿は見せたくないから、ケンカはもうやめよう、ずっと仲良く暮らしていこうと誓った。

ガフが死んだときの悲しみと喪失感はとてつもなく大きくて、2人とも本音はまた猫を飼いたいけれど、ペットはしばらくやめておこうということで落ち着いていた。

しかし、ふらっと立ち寄ったペットショップで、めちゃくちゃ可愛いスコティッシュに出会ってしまった……。

2人とも、もうあんなに悲しい思いはしたくないと思っていたのに、その子猫のあまりのかわいさに、即飼うことを決め、出会ったその日に家に連れて帰った。

そして今度は僕の希望で、大好きな漫画『キングダム』の騰《とう》の刀を振り回す擬音から『ふぁる』と名付けた。ふぁるは、ガフと違って抱っこ嫌い。気高い一匹狼的な猫だった。

さらに半年後、彼女がまた可愛いスコティッシュを見つけたから、もう一度僕と一緒に見に行きたいと言う。そこで真っ白の可愛い猫ちゃんを見せられ、ふにゃふにゃになった僕は「これは飼うしかないなぁ」と、結局その子も家に連れてきた。名前は『しゃん』にした。

こうしてしばらくは僕と彼女、『ふぁる』と『しゃん』で幸せに暮らしていた。

……はずだった。

恋愛とは難しい。

同棲もして、結婚まで考えて、一緒に猫を2匹も飼って幸せに暮らしていたはずなのに、最後は急激にふられた。滅多にないふられ方をして華々しく散った。

きっかけは、知り合いの金持ちの社長からシンガポール旅行に誘われたことだった。社長は彼女も一緒にと言ってくれていたが、彼女は「気を遣うからやめとく」と断った。一緒に行きたかったが、当時シンガポール旅行になどなかなか行ける機会はないと思い、僕は彼女抜きでその社長と旅立った。

シンガポールに着いた初日、いろんな観光名所を回った僕は、その都度〝映え〟スポットで写真を撮りまくり、日本にいる彼女に写メを送っていた。

すぐに返信がなく、「あれぇ?」とは思っていたが、時差や通信の悪さが原因かと思い、とくに気にも留めていなかった。

そして初日の夜、一日の締めとして訪れたのがナイトサファリ。夜の動物園を、バギーカーのようなものに乗って見て回るという人気の観光だった。

まずはライオンのエリアから見て回り、水牛のエリアに差し掛かったところで、彼女からＬＩＮＥがきた。


僕はてっきり「旅行楽しんでるー？」といった類の返信かと思って開いたら、そこにはまったく予想もしていなかった言葉が記されていた。


「**別れたい**」と。

まず僕は思った。

「なんで？」

この「なんで？」には2つの意味があり、まず、「なんで別れたいの？」の「なんで」、そして「なんで今言う？」の「なんで」だった。

順調に付き合いを重ねていると思っていた僕には、意味がわからなかった。

とりあえず水牛に話しかけるしかなかった。

「モ〜」

ふられる予感などまったくない状態でふられたので、本当に焦った。

シンガポールでは、かの有名な高級ホテル『マリーナベイサンズホテル』のスイートルームに1人で泊まらせてもらっていた。本来ならうれしくてたまらないはずなのに、スイートルームで僕はひとり泣いた。

スイートの広くて豪華な感じが、また悲しさを倍増させた。

一面ガラス張りの窓からシンガポールの夜景を見たあと、ガラスに映る、急にふられた丸顔の男を見てさらにまた泣いた。

とにかく悲しかったのを覚えている。

2日目、もちろん連れてきてもらってる社長に「昨日ふられたんで、今日はホテルにこもります」なんて言えるはずもなく、社長が用意してくれたシンガポール満喫プランにこの日も乗っかった。

この日は幸運を呼ぶ幸せのピンクイルカがいる水族館に行き、幸運を呼ぶ幸せのピンクイルカとツーショット写真を撮ってもらった。僕は横にいる幸運を呼ぶ幸せのイルカの顔を見ながら心の中でずっと「どこがやねん」と思っていた。

3泊4日のシンガポールの旅行内容は、もうふられたことで頭がいっぱいだった。それなのに、よくわからないがカジノでめちゃくちゃ勝った。100万くらい勝った。賭ければ当たる、そんな状態だった。

でも全然うれしくなかった。彼女のことを考えながら放心状態で賭けた5000円があっという間に50万になったが、僕は全然うれしくなかった。横にいた中国人が、おそらく「すごいやん！」という感じで肩をたたいてきたが、無視した。

そのあとスロットマシーンに座り3000円分賭けたら、20万当たった。でも全然うれしくなかった。あんなに好きだったスロットでも心は無の状態。こんな精神状態でカジノには行くものじゃない。

ただ、どこかで食べたカオマンガイ[※1]が美味しかったのは覚えている。あの状態でも美味しかったのを覚えているということは、相当美味しかったのだろう。

以来、カオマンガイが好物のひとつになった。

今だから言うが、実はシンガポールに行くだいぶ前に、彼女に結婚しようと言って婚約指輪も渡していた。これって俗にいう、婚約破棄状態？

当時はショックと恥ずかしさもあって、このことはトークにもしていなかった。

あれからもう何年も経ち、ふられた原因も今ならなんとなくわかる。

婚約したのに、結婚に向けまったく動かなかった僕に嫌気がさしたんだと思う。「もう指輪渡してるんだから、あとはジッと待っといてくれよ」感ばかり出していたんだと思う。

僕が彼女でもこんな男とは別れていただろう。

ごめんね。当時の彼女。

3泊4日のシンガポール豪遊旅行で、僕は100万円を得たけれど彼女を失った。

帰国後しばらくは彼女ロスのショックがまったく抜けきれず、レギュラー番組のラジオの生放送中に思い出し、泣いてしまった。

もちろん濱家に鬼のようにいじられた。

別れるとき、2人で飼っていた猫たちは、僕が飼うことにした。

彼女が家を出ていくとき、2匹とも連れて行きたいと言ったが僕は反対した。じゃ1匹連れていく、と言ったがそれも反対。2匹とも僕が育てることにした。

お互い、猫たちに対する愛情はMAX持っていた。ただ、2匹とも僕がよしもとファイナンスで借りたお金で買ったという事実があった。愛情がともにMAXなら、あとはお金を出しているという点で優勢になり、僕が譲ってもらった。

このときももちろん、僕の貯金はゼロ。

でもこの猫たちのためなら、「いざというときは、よしもとファイナンスに追加でいくらでも借りたろ」と思っていた。

※1【カオマンガイ】
代表的なタイ料理のひとつで、鶏肉のスープで炊いたジャスミン米に蒸し鶏をのせたもの。なお、シンガポールでは似たような料理が『海南鶏飯（ハイナンチキンライス）』と称され愛されている。

第10夜

今宵は、猫愛と妻愛をセットにして語りたい

キツいの続いてるにゃー。

吾輩のこと書いてるけど、結構キツいにゃー。

吾輩を買った値段、今、初めて知ったにゃー。

あんまり言うなよにゃー。


4年付き合って、婚約までしていた彼女にあっけなくふられた僕。残された僕と2匹の猫との新生活が始まった。そこからまあまあいろいろあって、短いお付き合いの方数名を経て、僕は今の嫁と出会った。きっかけは猫のインスタ。

2匹のスコティッシュ、『ふぁる』と『しゃん』を溺愛していた僕は、とくにやましい気持ちもなく猫たちの写真をインスタにあげていた。

すると芸人かまいたち・山内のファンの他に、猫たちのファンも「イイね!」をくれ

るようになってきた。

とくにやましい気持ちもなかったはずの僕だったが、イイねをくれた人のアイコンは必ずチェックし、可愛いっぽい女の子かをチェックせずにいられなかった。


嫁もイイねをくれた1人で、アイコン写真を確認した僕はソッコーで嫁のインスタにいき、写真をチェック。嫁も猫を飼っており、猫も嫁もとびきりかわいかった。

僕はさりげなく嫁のインスタにイイねを押した。

そこから2週間くらいの間に何回かイイねのラリーがあり、「これは脈あるんちゃうか」と思った僕は、DMで「**猫茶会しませんか？**」と誘ってみた。

信じられないかもしれないが、実話です。


その頃、『かまいたち』は大阪ではそこそこ知られた存在になっていて、東京にもちょくちょく呼ばれるようになっていた。同時に、大学時代に次ぐモテ期が到来していた。

芸人仲間が主催する合コンでの成功率は低かったが、インスタなどのSNS経由では、こっちから「会わない？」と誘えば高確率で会ってもらえる状態だった。

たまには「**山内、めっちゃ連絡してくるねんけど、ウザッ**」みたいに書かれたりもするけれど。

ただそのときは、そんなに下心はなく、「この人と普通にお茶に行ってみて、どんな人か見てみたい」という気持ちのほうが強かったと思う。

実際、嫁に初めて会ったときは本当にお茶で解散した。まあ、周りの友達から「山内と会うのは絶対やめたほうがいい」って言われて相当警戒していたらしいんで。僕は嫁と会った帰り道ですでに「この子は遊び相手ではない、ちゃんと付き合う人やな」とめっちゃ確信していた。とにかく頭がいい。そして顔もいい。何回かデートしたのち、嫁との付き合いが始まった。

そんな嫁だが、周りに結婚式の写真を見せると、いつも

「**夫に多額の保険金をかけて殺す妻の顔**」と言われる。または、

「**夫を笑いながら毒殺するタイプ**」とも。

でも、そんなことはなく、頭はいいし、料理はうまいし、すごくしっかりしている人だ。結婚の決め手になったのは、〝段取り〟がすごいところ。

自分で確定申告をしていたとき、自分でも、「この書類書いて、次にこれを提出して、その前に収入印紙買って……」みたいに段取りを考えていたんだけれど、彼女時代の嫁に一緒に付いてきてもらうことになったら、嫁が提案してきた流れのほうが断然段取りがよかった。「あー、そう、確かに。そうかそうか」って。

ほかにも、嫁は不思議と僕をイラッとさせることはなかった。

今までの彼女は、僕が100%浮気すると疑っていたから（事実ではあるけれど）、「何時に終わるの？」とか、「何時に何してんの？」みたいなことをめっちゃ聞いてきた。でも嫁は、そのへんノータッチ。ほったらかしにされる感じはなかなかよかった。

もうひとつ、30歳を超えてから自分の中で、「子育てのイメージがわくかどうか」というのも付き合う条件になってきて、嫁はそのへんもめっちゃドンピシャだった。

これも嫁には言っていないけれど、僕はかなり早い段階で嫁と結婚することは決めていた。

話は戻って……。

嫁とは付き合いだしてから割と早い段階で同棲の話が出たが、以前、同棲していた彼女にふられて大きなダメージを受けた経験から、僕は少し臆病になっていた。

しかし、結婚を前提にお付き合いしたいという気持ちだったので、結局一緒に暮らすと決めた。それにあたり、前の彼女と住んでいた家は違うだろうと思い、新居に引っ越すことにした。

しかし、ここで大きな問題が出てきた。

嫁が、「今飼ってる猫たちを一緒に連れて行ってもいい?」と言ってきたのだ。

よく考えれば猫を飼ってるわけだから当たり前の話だが、僕は同棲するときにそのことをすっかり忘れていた。猫同士、子猫のときなら仲良くなれる可能性が高いが、大人になってから一緒になるとケンカをしてしまうケースが多い。

僕はまた迷った。なぜなら、今飼っているスコティッシュのふぁるとしゃんが最優先だったから。嫁の飼ってる猫は、メインクーンというおっきい種類、しかも4匹。かなりハードルが高かった。そこでさりげなく、嫁の実家で引き取ってもらえないか打診してみた。以前、「実家の母親も猫を飼ってる」と聞いていたので、もしかしたら4匹を引き取ってくれるかもと思ったのだ。

すると嫁が、「でも母の家には、すでに猫が10匹いるから……」と言う。

10匹!?

僕は驚いた。

嫁の母親は、勤務先の社宅で1人暮らし。そこで猫10匹も飼っているなんて。それってもう近所の変わり者やん、ヤバいおばさんやん、クレイジーやん、と心の中でつぶやいてしまった。

結局、僕は嫁の実家に預ける作戦を諦め、うちの猫2匹と嫁の猫4匹との共同生活を選んだ。でもこれがなかなかどうして、優しい猫同士だったのでケンカもとくになく、仲良く暮らし始めてくれた。

嫁との同棲生活は僕、嫁、ふぁる、しゃん、そして嫁のところの猫、のび太、がぶ、モカ、チャイの、人間2＋猫6でスタートした。

そして同棲して1年が経ち、嫁との結婚が決まった。入籍してほどなく、ペットショップで新たな猫を即購入してしまった。7匹目の猫だ。6匹でも普通に考えたら多いのに、嫁と結婚する前にふらっと立ち寄ったペットショップで、またまた、ひと目ぼれしてしまったのだ。

さらに、今回は違う理由もあった。その猫は、僕らの入籍した日が誕生日だったのだ。猫がきっかけで出会った2人なので、結婚記念日を2月22日にした。

「にゃーにゃーにゃーの日」だ。

そしてその2月22日生まれの猫が目の前にいたのは運命だと思い、すぐに迎え入れようと決めた。さらに正直に言うと、定価30万円くらいのところを、お店の人が「22万2200円」という謎の値引きをしてくれたのも大きかった。

そのコはラガマフィンという猫種。ペットショップにいたときは、自分からすり寄り、「抱っこして抱っこして」だったのに、家に連れて帰るともう抱っこをイヤがっていた。

「釣った魚に餌をあげない感じが、あなたに似てる」

嫁はそう言って、新たに迎えた猫を健司に似てる猫＝『にゃんじ』と名付けた。こうして山内家7匹目の猫として、にゃんじが加わった。

その後、病気で亡くなったコもいて、今現在は5匹と一緒に暮らしている。

猫は誤解されやすい生き物だ。

例えば、「猫ってなつかない」とか「ツンデレやろ」とか。「気を抜くとすぐ猫パンチされてしまう」とか。そういうイメージを持たれやすいが、意外とそんなことはない。

うちの猫たちは玄関で音がしたら必ず迎えに来てくれるし、ずっとスリスリしてくれる。

実は僕自身も、ごはん食べたらパッとすぐどっかいったり、人のところには近寄ってこないものだと思っていたが、まったくそんなことはなかった。むしろ、めっちゃ優しい。

子どもが引きずり回しても、まったく怒らないし。こないだはついに、寝かしつけまでしていた。嫁が言うには、猫が寝室から戻ってけえへんなと思って見に行ったら、自分の腹を子どもの枕代わりにして寝かせていたって。優しすぎるやろって。どの猫もみんな優しい。

でへっ。

「他の猫でそんなことしたら絶対引っかかれるぞ」って子どもにも言っているが、何度やってもうちの猫は怒らない。

そんな心優しい猫たちのために、僕もできる限りのことはしている。家にいるときは、世話全般。トイレもごはんも、ブラッシングも。

以前、最初に飼った猫に無知ゆえ苦しい思いをさせてしまったことがあるので、今はとにかく健康管理に気を遣っている。半年に一度は、かかりつけの専門医で血液検査を含む「猫ドック」を受けさせている。

夜は、万が一子どもの顔にのって窒息させたら困るから猫たちと別々に寝ているけれど、家にいるときは基本的にいつでも一緒。昼寝中、8~9キロの猫たち5匹みんなが僕の布団の上にのってきて、うなされながら寝るのは、実は結構幸せなひとときだ。

知っ得情報として、僕が好きな猫のパーツは爪や肉球。あの香ばしいニオイがたまらない。

あと、箱とか狭いところに無理にでも入りたがる習性も好き。僕のトレーナーの袖に入って、最後行き止まりで進めなくなるのがうれしいらしく、のどをグルグル鳴らして喜んでいる。

ああ、カワイイ。

猫については、「やめ」と言われるまでいくらでも語れるので、再び嫁の話に戻すことにする。

僕は、結婚してから「芸人になって金持ちになる」以外にも夢ができた。それは、嫁のスープカレーの店を出すことだ。自慢じゃないが、嫁の作るスープカレーは美味しすぎる。

結婚後、2人で沖縄を訪れたとき、首里城の近くでめちゃくちゃ美味しいスープカレー屋さんに出合った。スープカレーというと北のほうのイメージなのに、沖縄でなぜか激うま店を見つけ、2人ともテンション爆上がりだった。

沖縄から帰ったあとも、どうしてもまたあのスープカレーが食べたいなという話になり、嫁が舌の記憶のみでスープカレーを作ってみたところ、そのお店を軽く超えてきた。

僕はもともと食にあまり興味がなく、何を食べてもあまり「うまっ！」と思うことがなかったのだが、嫁のスープカレーを口にしたら、思わず絶叫してしまった。めちゃくちゃ美味しい。素揚げした野菜がいい具合にコクを出していて。どう考えてもお店レベルだと思う。

ついでに、嫁特製の味噌ラーメンも超うまい。

そんなわけで、スープカレーがメインだけど、味噌ラーメンも食べられる店を出そうと思いついた。

出すのは大阪。ここで嫁の母に働いてもらおうと思っている。店の上は住居で、僕が仕事で大阪に帰ってきたら泊まれるようにしておいて。

嫁のおかげで夢もふくらむ。

第11夜

早すぎたデビューの顚末に苦笑いする夜

少し結果が出ると売れたと勘違いするものかにゃー。
芸人で売れるってやっぱり難しいのにゃー。

「**うちら、よしもと**」

と言えるようになったのが、結成して1年半くらいたった頃。プレステージ生き残り戦では、かなりの確率で勝ち抜けるようになっていた。

そんなとき、僕たちに大きなチャンスが訪れた。読売テレビの『笑いの超新星』[※1]という大会から声がかかったのだ。正確には、天竺鼠の代打だが。

今は移転した「baseよしもと」の舞台で成績を上げていた天竺が、この予選ラウンドに出場する予定だったのだが、メンバーが事故って出られなくなってしまい、代わりに僕たちが急きょ呼ばれたのだ。

『笑いの超新星』は年に3回くらい予選ラウンドが行われていて、毎回10組くらいが参加する。各予選ラウンドの1位と2位が決勝大会に出られるシステムだ。

天竺鼠の代わりに予選ラウンドに出た僕らは、なんと優勝してしまった。続いて出場した本戦では3位になった。

その翌年、『ABCお笑い新人グランプリ』[※2]でも優勝した。2007年のことだ。この大会は関西では結構な権威があって、M-1ができる前は若手にとって一番のビッグタイトルだった。

早すぎるやん！

そう、この優勝は僕たちには早すぎた。結成後3年足らずでのデビューは、僕たちを逆に勘違いさせてしまった。

まず僕は、早々とバイトを辞めた。ＡＢＣ優勝以前、芸人としての給料は1万円いくかいかないかだったが、優勝したら翌月は2万になって、その翌月は4万になった。「優勝したら給料が倍々になる」と聞いていて、その通りになったから、その次の月は8万もらえるつもりだった。だからバイトを辞めたのだ。

でも、給料は倍々になったところで止まった。

グランプリを獲ったあとは、ちょろっと全国放送に出られたりしたから、「おお、このまま売れるんか」と思っていたが、売れなかった。

当時『爆笑レッドカーペット』[※3]という番組が始まり、一発目に呼ばれて僕たちはキャラブームを意識した『中国人』[※4]のネタで一瞬フィーチャー。〝めっちゃウケ〟っていう銅鑼《ドラ》をたたいて、二発目の特番にも呼ばれた。そのとき藤崎マーケットも一緒に出ることになって、ヤツらに「絶対いけるから。大丈夫大丈夫」と先輩面した僕たちは、本番でめちゃくちゃアガってしまった。

藤崎はそのままキャラブームに乗っかり、ブレイクの兆しを見せる。しかし僕たちはそのままフェイドアウトしていった。

中国人ネタはもう先がないな、ということで捨てて普通のネタに切り替えた。

再びパッとしない生活に戻ったが、もうバイトをするつもりはなかったので、僕たちはサラ金から金を借りた。濱家も、芸人仲間も、みんな借りられる限度まで金を借りていた。

200万くらいかな。

僕はなぜかまったく焦ることはなく、「売れて返せばいいやん」と心から思っていた。

そして、僕たちに波がやってきた。

翌年、フジテレビの伝説の番組『新しい波16』のオーディションに受かったのだ。『めちゃイケ』[※5]、『はねるのトびら』[※6]の後継で、めっちゃ期待されていた話題騒然のオーディション番組だった。

当時この波16のオーディションが開催されたとき、芸人界では「選ばれたら売れるの確定」、「一生安泰」くらいに言われていて、そのオーディションに5年目の僕たちが受かったわけだから、それはもう事件だった。僕も売れるのが確定したと思い、実家に電話して母親に「なんとかこの世界で食べていけるのが確定したわ」と報告したのを覚えている。

2008年、新しい波16のオーディションに受かったメンバーで、レギュラー番組がスタートした。名前は『ふくらむスクラム!!』。フジテレビで毎週月曜24時45分からの番組だった。

過去のめちゃイケ、はねるも同じ深夜帯に最初始まり、そしてゴールデンへと進んでいった。

僕たちも当然、ふくらむスクラムもその道をたどると思い、また周りの芸人たちもそうなると思い、番組が始まったときはスターになれた気でいた。ふくらむスクラムがゴールデンに進出したタイミングで、かまいたちは東京に進出しようと決めていた。

ところが1年足らずでその番組は終わってしまった……。

衝撃だった。終わるはずがない、一生安泰と言われた番組がわずか1年ほどであっけなく終わってしまった。東京進出どころではない。沈没するはずのない豪華客船が沈んだのだ。

「いってらっしゃーい」、「うらやましいー」と豪華客船に乗り出航する僕たちを送り出してくれた周りの芸人も僕たちにかける言葉がなくなっていた。

番組が終わることになったのを誰もいじったりしなかった。触れてはいけないことのようになっていた。そんな状況がイヤで舞台上で「いや、ふくらむスクラム終わってんねん!」と自虐的ないじりを自分たちでしてもまったくウケなかった。そもそもお客さんがふくらむスクラムを知らなかった。それほど見られていなかったということだろうか……。

いじってもウケない大きな爆弾を抱え、しばらく僕たちはジッとしていた。

そんな状況なのでもちろん東京進出なんかできるわけもなく、いったん東京進出は諦めて人生設計プランを修正した。当初の自分のプランと見立てでは、コンビを結成して

10年以内には売れて、ゴールデンのMCをしているはずだった。

しかし現実はまったく違った。

ゴールデンどころか、全国放送のテレビに出る機会は年に2、3回あるかないか。関西でちょっとだけ顔をさされたりする程度、その状態が思った以上に続いていた。とはいえ、ロケにちょこちょこ行かせてもらったり、仕事は常にそこそこあったりしたので周りの人たちからは「かまいたちは順調にきてるよね」的なことを言われていたが、僕たち的には全然そんなことはなく、

「どんだけ売れるの遅いねん」

という心境だった。

いつでも売れる＝全国に羽ばたける準備はできてるつもりなのに、ずっと滑走路で浮

きそうで浮かずに走り回っている感じでいた。こんなくすぶった状態が、その後も6～7年は続いた。

※1【笑いの超新星】

読売テレビ（ytv）主催の上方演芸の若手芸人の賞レース。2007年はとろサーモン、2008年はジャルジャルが最優秀新人賞を受賞し、2009年に幕を閉じた。

※2【ABCお笑い新人グランプリ】

朝日放送が主催する関西の若手芸人の登竜門的コンクールの名称で2007年にかまいたちが最優秀新人賞。2012年に『ABCお笑いグランプリ』にリニューアルされ、この年かまいたちが優勝を飾った。

※3【爆笑レッドカーペット】

フジテレビ系列で2007年から2014年にかけて放送された演芸中心のお笑いバラエティ番組。高橋克実と今田耕司が司会を務めた。

※4【中国人】

山内が『チャン・ドン・ゴン・ゲン』という中国人に扮し、叫ぶ際に銅鑼を鳴らすという構成。当時は強烈なキャラクターに扮するネタが若手お笑い界で流行した。

※5【めちゃイケ】
フジテレビ系列で1996年から2018年まで放送されていた長寿お笑いバラエティ番組。正式タイトルは『めちゃ×2イケてるッ！ —What A COOL we are!—』（めちゃめちゃイケてるッ！ ホワット・ア・クール・ウィー・アー）だったらしい。

※6【はねるのトびら】
フジテレビ系列で2001年から2012年まで放送されていたバラエティ番組。略称『はねトび』。正式タイトルは『はねるのトびら You knock on a jumping door!』（ユー・ノック・オン・ア・ジャンピング・ドアー！）だったらしい。

第12夜

キングオブコント優勝。その晩、こっそり小躍りした

これは今のかまいたちにつながる一番おっきい出来事だにゃー。
これでホントにあいつは変わったにゃー。
いいほうににゃ。

初の全国区レギュラー番組があっけなく終わり、僕たちの東京進出計画は白紙になった。

お笑いの道に進んだときから、僕のプランでは本当にすぐに東京に行けるものだと思っていた。しかし、一瞬フィーチャーされたからとか、東京のレギュラー番組がひとつ決まったから東京へという見通しは、恐ろしいほど甘すぎた。

僕たちは、

「M–1かキングオブコント、どちらかを獲ったら東京に進出する」

と決めた。逆に言うと「そのどちらかを獲らない限り、東京進出はしない」と。

これで目標は明確になった。M–1かキングオブコント（KOC）の優勝。目標のために僕たちがやるべきことは明確だった。ネタ作りだ。大会で勝てるネタを作って優勝する、それだけ。

そこからは、ひたすらネタ作りに励んだ。1年に2、3回していた単独ライブを毎月開催し、単独で下ろす新ネタの数は常に6本以上。すべて大会で使えるネタをコンセプトに作っていった。

しかし……普通こんな感じでがんばってやったら結果が伴ってきそうだが、現実はそんなに甘くなかった。M–1、KOC、どちらも準決勝までは行けるものの、どうしても決勝に進めなかった。毎回、準決勝でひたすら落ちるパターンが何年も続いた。これはかなりキツい。

数多い出場者の中、準決勝まで勝ち進んだのだから、喜ぶべきことなのでは？　そう思う人もいるかもしれない。だがこの世界、準決勝ごときでは人生は変わらない。準決勝までは行ける芸人なんて、それこそたくさんいすぎて、売れるきっかけにはならないのだ。

「いつも準決勝までは行く、そこそこネタが面白いコンビ」

僕たちは、そう思われたまま終わっていきそうだった。

ところが、僕たちの芸人人生を劇的に変える転機が訪れた。転機というと、いいことが舞い降りるイメージがあるが、まったく逆で、当時の僕たちからしてみたら、最悪の出来事。ＫＯＣに出場して8年目のことだ。

それまで7年間はずっと準決勝まで行って敗退。「今度こそは決勝に」という思いで出場したが、なんと2回戦で落ちたのだ。

これはとてつもなく恥ずかしいことだった。

実はこのとき、次の準決勝まで温存しておきたいネタがあった。

そのネタを温存するために2回戦は、「まぁこのネタでも受かるでしょ」的な感じのネタをやった。しかもネタ合わせも2、3回するだけという、今思えばなめ腐った感じで挑んでいた。

結果はややウケ。

ややウケではあったが、今まで7年連続で準決勝に進んでいる実力派の僕たちをまさか2回戦では落とさないでしょ、と思っていた。審査員の方々も僕たちの実力はわかっているでしょうし、審査員の中には顔も知ってる作家の人もいるし。まぁ、ギリギリにはなるかもしれないが、受かるだろうと思っていた。

落ちた。

容赦なく落とされた。このときばかりは2人ともかなり凹んだ。

スーパー落ち込んだ濱家からも電話があって「落ちてしまったなぁ」と。電話越しでも顔が青ざめているのがわかるくらいヤバかった。

僕は「まぁまぁ。1本ネタを温存できたし、来年がんばったら行けるやろ」と気丈に振る舞ったが、ヒザは恐怖でガクガクしていた。普段は「いつものペースでええねん」て思う僕も、このときばかりは「ちょっと、ちゃんとしていかなヤバいな、がんばろな」と言った。

とくに周りの目がめちゃくちゃ気になった。

周りからしたら今まで準決勝止まりだったヤツらが、今度は準決勝にも行けず落ちた。完全に落ち目、誰もがそう思うだろうと震えた。

ベストを尽くして不合格なら納得できるが、「ツメも激甘のネタを、ろくに合わせもせずにやってしまった」というすさまじい後悔の気持ちに襲われた。

いつもは準決勝まで行っていたので審査員として会場にいたが、その年は初めて家のテレビでKOC決勝を見た。そして当時ノーマークだったにもかかわらず、ワンチャンスをものにして優勝した『ロコロコチキチキペッパーズ』を見て、僕らはなんて大きなチャンスを逃してしまったんだと思った。

これをきっかけに、僕たちのネタに対する姿勢、大会に対する姿勢はとんでもなく変わった。

それはそれは、変わった。

今まではどこか、「準決勝まで行けてたら、まぁ芸人としてギリセーフやな」という思いがあった。ヘタに準決勝まで行けてたので、わけのわからない慢心を抱いていたのだと思う。

しかしそれは完全に消え去った。

「とにかく決勝に行かないと。準決勝なんてなんの意味もない」と初めて思えた。

本当に落ちてよかった。

「スロットやめなさい」と親指をケガさせてきた感覚と似ていて、僕の守護神はかなりキツめの荒療治で僕の人生を修正してくれる。

どこが一番変わったかというと、M-1、KOCへの準備の緻密さや、ネタのもっていき方だ。それまでは、ギリギリになってから決めていた大会での勝負ネタも、開始前にはしっかりと決め、舞台でめちゃくちゃブラッシュアップするようにした。

さらに、「大阪ではウケるのに、東京ではウケない」というジレンマを抱いていた僕たちは、東京でのライブにも積極的に参加した。準決勝が行われる東京でウケるネタかを確認するためにも、生の空気を感じなければいけなかった。

……でも最終的に、僕たちのネタが「**ただ面白くなかっただけ**」という結論に至った。

僕なりの分析結果をもう少し詳しく言うと、**大阪でウケて東京でウケない**。

この理由は単純に、僕たちの知名度にあった。

大阪のお客さんは僕たちのことをローカルのテレビで見かけて多少知っており、「まぁ面白いヤツ」という認識が少なからずあったりしてプラスアルファが働き、ネタでの笑いに繋がっていたのだと思う。テレビに映ってない東京では当然、このアドバンテージはなかった。

つまり、僕たちはアドバンテージがないとウケないネタをしていたんだとようやくわかった。

4分間のコントは、誰か知らない2人がやっていたとしても、登場人物のキャラが面白く、設定が面白く、笑いに繋がるネタでないといけない。もちろん、コントだけでなく漫才でも同じことが言える。

僕たちには、少しだけある大阪での知名度、認知度に頼らず、初めて僕たちを見る人でも笑えるネタが求められていた。さらに、ネタのウケ具合もかなり突き詰めていった。劇場によってウケるときとウケないときがあるネタは、賞レースでは通用しないとわかった。どんな環境でもどんなお客さんにでも、絶対にウケるネタじゃないと戦えはしない。

若手の劇場ではウケるのにNGKではウケない、このタイプのネタは優勝ネタにはならない。そう気づいて、若い子だけでなく老若男女問わずウケるものを、ネタ作りの大事な要素にした。

そしてそういうネタは当然東京でもウケた。

2回戦敗退からの反省、分析、ネタの作り方の大変革を経て——翌年、僕たちはKOCで初めて決勝に行けた。あんなに遠かった決勝にやっと行けた。

前年に2回戦敗退した結果、温存する形になった『首ストーン』のネタは1年かけてブラッシュアップされ、常にウケる状態に仕上がっていた。準決勝で披露し、十分な手応えはあった。

ずっと準決勝で敗退していたので、正直決勝進出者発表のときも名前を呼ばれるイメージがわかなかったのだが、やっと名前が呼ばれた瞬間は、2人ともかつてプレステージで初めて合格したときのような小さい昇龍拳をしていた。

しかし、初めて進んだKOC決勝は、思い通りのネタができたが結局3位で終わった。

本音を言うと、一発で優勝できると思っていた僕はショックだった。

1本目の首ストーンのネタはイメージ通りにウケて、優勝モードに入ったと思った。だが、2本目のホームルームコントは思ったようにウケなかった。ちょっと狂気的なボケのところでお客さんから悲鳴みたいなものが上がったり、ウケると思っていたところがウケない箇所が多々あった。

決勝に行くまでの僕たちは、とにかく決勝進出が目標になっていた。

しかし、決勝にたどり着くも3位で敗退すると今度はまた考えが変わり、「決勝に行ってもなんの意味もない、優勝しないといけない」という気持ちになった。

もちろん収穫もあった。

決勝のお客さんの傾向を、なんとなく理解できたのだ。これは決勝に行ったからこそわかったことなので、この反省を踏まえて来年にと思った。

そして1年後の2017年、かまいたちはついに、KOCで優勝し、10代目王座についた。

1本目の『告白の練習』ネタは100%ウケる自信があったが、2本目の『ウエットスーツ』ネタはかなり運に頼っていた部分もあり、不安なまま決勝のファイナルを迎えたが、スーパーラッキーなことに会場でハマってくれた。

優勝だ。

また同じくあんなに遠かったM-1の決勝にも同じ年に進出することができた。M-1で決勝に行けたのも、KOCに敗退して反省し、分析し、ネタの作り方を大変革したおかげだった。

M-1はその年敗れはしたものの、どちらかに優勝したら東京に行くというプランが達成できたので、晴れて半年後、かまいたちは東京に進出した。

第13夜

今夜は、相方・濱家のことでも語ってみよう

確かに、かまいたちには、かまいたちのスタイルがあるにゃー。

それは、こんなふうに形成されていったんだにゃー。


ここで改めて、僕たち『かまいたち』について話そうと思う。


「かまいたちは漫才もコントもやっているんですね」

東京に来てから、よくそう言われるようになった。

東京では、コント師はコントしかやらない、漫才師は漫才しかやらないみたいな人が多いらしく、「両方やってるってめっちゃ珍しいけどなぁ」と結構言われた。

簡単に説明しておくと、漫才は本人同士が掛け合うもの、コントは別の誰かになった設定で展開していくという違いがある。実はこれ、意外と区別のついている人は少ないらしい。

かまいたちは結成当初からとくにどちらを選ぶわけでもなく、自然に〝どっちもやる〟形をとってきた。今もそうだ。

かまいたちは単独ライブで新ネタを下ろしていくパターンが多い。それに合わせて、僕が案をもっていくところからスタートする。その段階では、漫才にするかコントにするかはまったく決めていない。

例えば新しい案が浮かぶと「テーマパークのＵＳＪと銀行のＵＦＪを言い間違えたのに、本人は全然認めないっていうのが面白いと思うねんけど、どんな設定がいいかな？」という感じ。

それをまず２人で話し合って（最近は作家さんを交えることも多いので３人）、「じゃあこれ、コントで言い間違えてやってるより、漫才で言い間違えてやってるほうが面白そうだな」ってなったら、「じゃあどうやって作っていこうか」というふうに。

大元のネタがあったら、第一段階として漫才かコントかの仕分けをして、次の段階に進むという流れだ。

前にも説明したが、コントはどちらかというと、お互いにあんまり素じゃないというか、コントの設定の役割に入ってネタをやるのだが、漫才はなるべくキャラに入らずにいく。

ただ、かまいたちは、濱家が普段の濱家のまま、僕も普段の僕のままでいけるっていうのを重視している。だから、コントはコントで吹っ切るとしても、漫才は俗に言う『しゃべくり漫才』のスタイルをとっている。

最初はどちらでもなく、『漫才コント』と呼ばれるカテゴリのものをやったりしていた。

濱家が、入院して手術をビビっている子ども役で、僕がその子が大好きなプロ野球選手役で、急にお見舞いにやってくる、というよくある設定のヤツ。変なプロ野球選手がやってきて「元気出してよ」といって去っていくみたいな。

だが、しばらくしたら濱家が「やすともさんであったり、中川家さんだったり、自分らの憧れの漫才師の人って、漫才しているときもやっぱり礼二さんは礼二さん、剛さんは剛さんやし、やすともさんも2人ともそのまんまやし、ああいうののほうがやっぱいいよな」[※1]と言ってきたんで、じゃあそういうスタイルにしようかと方向転換することになった。

実際、漫才コントで僕が変な美容師の役をした場合でいうと、僕が変な美容師をしちゃってるわけで、僕がボケているわけじゃない。変な美容師を探し出してやってるニュアンスに近いというか。そういう状況だと、僕はなぜかトーンダウンしてしまう。普段のトーク番組とか番組のいろんな自分と違うことをしていると、どうも僕はパワー的にちょっとダウンしてしまう。

この場合、濱家が美容師で僕は普通の客を演じたほうがいいな、というのはうっすらわかってきていた。濱家もそれを理解していたのだと思う。

こんなふうに濱家は、かまいたちのスタイルや見せ方について、ものすごくまじめに考えている。

あんなに目が細いのに、よく見えているなと思う。

よく、「漫才とコント、どっちが好きですか?」と聞かれる。どちらが好きとかは甲乙つけがたいが、僕的にラクなのはぶっちぎりでコントだ。作るのも、ネタをやるにも。

というより、漫才はめっちゃ難しい。

『漫才コント』はいろいろなパターンが出せる分、簡単なんだけれど、コンビの特色というか自分たちらしさが出せる『しゃべくり漫才』となると、作るのに相当なカロリーがいる。

でも、あえて面倒くさいしゃべくりで漫才をやるのは、うまくなりたいからっていうのもある。やっぱり、かまいたちの特色は大切にしたい。

結成当時から変わっていないことは、もうひとつある。

ネタは自分たちで作る。

これはずっと変わらない。

芸人の中には、自分たちでネタを考えない人もいる。作家が考えた台本を渡され、コンビでちょっと直したりアレンジしてっていうケースは結構多い。僕たちにも、単独ライブなんかでイベント構成とか、案を出してもらう作家はいるけれど、漫才やコントの台本を直に書いてきてもらったことは一度もない。

「かまいたちは僕・山内が100%ネタを書いている」

というのは、今、僕たちのネタのひとつにもなっている。

その通りと言えばそうだが、実はそうとも言えないところもある。

僕は新たなネタの案が浮かんだら、まずは相方・濱家と作家にもっていって意見を聞く。そのあとで1回ネタの形にし、手直しを加えていくのがいつものやり方だ。

すると、いわゆる完成形は最初の案とはほぼ違うものになっている。直しすぎて、もう原形をとどめていない状態なのだ。

〝案〟が〝ネタ〟に育っていく過程はこうだ。

僕は普段から、「あ、おもろい」ということを見たときとか浮かんだときは、即座にスマホのメモ欄に覚え書きをしている。

単独ライブ前、ネタを考えなくてはいけない時期に入ったら「さて、どうしようっかな〜」とメモを見る。改めてメモを見直して、「これ、ネタになるんちゃう？」と思ったものは、自分の中で少し膨らませて、相方や作家さんに伝える。

その後も、ライブ直前まで手直し手直し手直し手直し手直し手直し……が繰り返され、もう何がなんだかわからなくなる。しかし、気づいたらいいネタに育っている、という感じ。

例の『首ストーン』ネタの場合でいうと――。

単独ライブ前、スマホにあった、〝首がストーン〟というメモを見て、僕はなんとなく、あの首落ちの動作が連続している感じっておもろいなと感じた（だからメモしたのだけれど）。

←

いったん僕のネタ帳（単なるノート）に書き出して考えをまとめてみる。自宅でやるときもあるし、吉本の会議室を借りて作業することもある。このときは、とにかく〝ひとり〟の空間でやりたい。カフェとか図書館とかもダメで、猫以外、誰の視線も感じず、誰からも話しかけられることもなく、誰にも邪魔されず、ひとりであれこれ考えたい。

たぶん、ここが一番知恵をしぼりだす作業で、たいてい知恵熱が出る。気づいたら4時間くらいぶっ通しで作業していることもあるが、苦しいし、ひたすら面倒くさいので、なるべく短時間ですませたい。

←

マジで疲れているのを悟られたくないので、2人にはサラッと「マジックの〝首がストーンと落ちる〟っていうのどうやろ？」と振ってみる。

←

3人でガッツリ意見を交わし「ただそれだけじゃおもろないけど、それを何回もすごいやろと見せてきたらおもろいな」というところまで詰めていく。そこで初めて、コントか漫才かを選ぶ。

←

決まったほうに合わせて設定を考え、どう見せたら面白いか試行錯誤する。例えば、面接会場で特技を聞かれて首ストーンしたらおもろいかなとか。いろいろ出し合ううちに、「ただひたすら首ストーンを見せまくっているほうがいいな」と、3人の意見がまとまってくる。

←

結局、とらわれの身になっている人がいて、そいつを縛り付けて首ストーンを見せてる設定に落ち着いた。そこから、どう展開させていくか、また議論が始まっていく。

←

いい感じに決まりかけたと思ったら、濱家がギリギリになってダメ出しを始める。まぁ、僕がおもろいっていうのはほんまにウケる範囲が狭いから、ありがたくはあるけれど、

やっぱり、ムカッとはする。

しかも、具体的にどうこう言うんじゃなくて、

僕「これでいい？」
濱家「それはわからんな。でも……」
僕「そうなん？」

みたいな不毛なやりとりが続くことも多いから、

よけいムカッとする。

と言いつつ最終的には、ギリギリでも変えてよかったというケースが圧倒的に多い。
それが、かまいたちのやり方として合っているんだと思う。

そんなわけで、僕が自分ひとりで決める、自分が思う方向に持っていくのはあんまりいい方向にいかないことが多い。気づかないうちに、今までのネタと似通ってしまった

りもするし。
話し合って話し合ってようやく、「すごいいい！」になればそれでいい。僕と濱家、そして作家さんのおもろい3人が「すごいいい！」となるんだから、間違いないと今は思っている。

ちょっと話がそれてしまったが。

←

その後も、ライブ直前まで濱家のダメ出しが続き、いい加減うんざりする。僕は直すのがひたすら面倒くさくて少々不機嫌になる。

←

しかし結局「いい感じ」に仕上がって、みんなが満足する。
……と、そんなところ。

文句ばかり言っているように感じるかもしれないが、僕はこのやり方に、実はものすごく満足している。なぜなら……僕がネタを書いて持っていくとき、その時点で僕はそれをＭＡＸ面白いと思っている。ひとりで何度も書き直したうえで、「これが完成形」と確信したものを持っていっている。

でも、たいていはそこで「違う違う違う」と言われまくる。

確かにムッとはするが、そう言われないと、僕が持っていったネタは〝そこ〟で止まってしまう。僕はとくに面倒くさがりなので、実は「これでいいや、絶対」と思うことはたいてい、面倒くさくて切り上げている。

でも、そこで「ダメだ」と言われることで、僕はもう一度仕方なくがんばって、もう一段階上に進むしかなくなる。結果、もっといいものが生まれる。

自分が書いたネタで満足しきっている僕に「ダメだ」と言ってもらえるのは、実はめちゃくちゃデカい、ありがたいことなのだ。最初に僕が思いついた案から2割程度残っていればいいほうで、直して直して直して直したのち、新たな面白いものが生まれている。

実は今、密かに試してみたいことがある。

それは、1年とか2年、僕たちがまったく世に出ることがなくなったら、

果たして自分はネタを作り続けるのか？

という検証だ。

今までは、たいてい月イチでライブをやるという流れだったから、〆切に合わせて仕方なくやってきた。ネタが先にできて、下ろしたいから単独ライブをするってことは、今まで1回もなかった。

思えば、今までテスト系も一夜漬けばっかりだった。僕は基本的に、ケツを設けてもらわないと動けないタイプだから、それがなくなったらどうなるのだろう。

なんのケツもない状態で、僕は新たなネタを考える作業ができるのか。誰に披露するアテもなく、僕はおもろいことを作りたいと思えるのか。自分でもまったく想像がつかない。

でも、それをしないという感覚もまたわからない。その日が来るのはまた別の意味で

怖い。
濱家はその点、僕と真逆だ。
ぶっちゃけ、濱家のどこがすごいかというと、

『面倒くさがらないところ』

にあると思う。

単独ライブのリハーサルでも、僕は細かい立ち位置なんかどうでもいいと思うんだけど、濱家はそこをきっちりする。
ネタだって、僕が「もういいやん、これで」っていう状態から、さらに20~30回は「こうしたほうがいいねん、こうしたほうがいいんちゃう」って言ってきて、練って練って練りまくろうとする。僕はそういうの、面倒くさって思うんだけれど、濱家はまったく思っていない。

例えば『トトロ』のネタにしても、最終案が決定したあとでも「やっぱり、ここ直したほうがいい」ってガンガン来る来る。それでまた、直し直し直しが続いていくという。結局、最終案からも大幅に変更された。

僕はこう書いているだけでも、面倒くさくなってくるのだが、濱家は、どんどん前向きになってあきらめずにやろうとしてくる。

僕の面倒くさがりと濱家の細かさ、僕の「このままでいいや」と濱家の「もうちょい、こうしようや」のバランスが、「ちょうどいい」のかなと思う。

かまいたちへの愛も、当然濱家が上だ。たぶん、濱家9：僕1くらいだと思う。

僕がかまいたちを愛していないわけではなく、濱家が愛しすぎているのだ。

でも僕は、今後何かあって万が一、濱家とコンビを解消することになっても、ピンになって芸人を続ける気持ちは一切ない。そうなったら僕は、放送作家とか、裏方でゆっくりやっていくつもりだ。コンビは濱家でラスト。

「めちゃめちゃ仲良しですね」とよく言われるが、確かにかなり仲は良いほうだと思う。

……もちろん、イラッとさせられることも多少はある。

痛風持ちなのに、薬をちゃんと飲もうとしない。

普段から薬を飲んでいたら症状は出にくくなるらしいのに、「飲み続けると発症しやすくなるから」って飲もうとしない。キングオブコントのときも、直前に痛みが出て大変なことになったというのに。

飲んどけよ、といつも思う。

もうひとつ。

濱家はプロのマジシャンレベルでトランプがうまい。

Mr.マリックさんによると、マジシャン以外の芸能人のなかで一番うまいらしい。

そこは、かまいたちの営業ツールとして大切にしてほしいのに、めっちゃ荷物を減らしたがる性質があってトランプをあえて家に置いてくることが多い。場所取るからって、ちょいちょい持ってきていない。

トランプよ？　場所取るか？

普段は2人でつるむことは、めったにない。

劇場にしてもテレビの収録にしても、空き時間ができたら濱家は仲いい先輩や後輩のところに行っているみたいだが、僕はひとりで過ごすことが多い。

芸人仲間大勢で集まる場でも、別のメンバーとつるんでいるのが普通だ。濱家は、とろサーモンの久保田さんとか、GAGの坂本とか、どっちかというと活発なメンバーたちとワイワイ騒いでいて、僕はゆっくりしたいタイプなんで、また別の……。

ボケは共通してこのタイプが多い気がする。

「基本静か～に&プライベートほっといてくれ」タイプのほうが多い。

アキナの山名もそうだし、藤崎マーケットのトキや天竺鼠の川原もそうだ。そこらへんといると、めっちゃ落ち着く。ただ、この静かなメンバーだけで集まろうという話には基本ならないから、こいつらと会うのは、やはり無理やり連れてこられた大人数の飲み会のときだけだ。

そんなわけで、学生時代、濱家と同じクラスだったら、絶対友達になっていないと断言できる。でも、それでいい。

違うタイプのほうが、相方としてうまくいく気がする。あんまり仲良すぎてもダメだろうが。

※1【やすとも】
吉本所属の姉妹漫才コンビ「海原やすよ・ともこ」。1992年に結成し、おもに関西地区で活動中。上方漫才大賞を2回受賞するなど、人気と実力を兼ね備える。ちなみに、ともこが姉、やすよが妹だが、コンビ名はやすよが先。

第14夜

ついに東京進出！　フルスイング以外はしないと決めた夜

なんかエラい上からものを言うてるにゃー。

自信満々だにゃー。

ひとりロケでよくすべってたけどにゃー。

その自信はどっからきとるのかにゃー。


2018年、僕たちは再び大勝負をかけようとしていた。

一度は見送った東京進出だったが、絶対条件だったKOCで優勝し、今度こそ全国区で活動するという夢をつかむチャンスが、再びやってきたのだ。

大阪を拠点にする芸人はたくさんいる。でも、僕たちは東京、いや全国でやりたかった。

さらに、漫才もずっと面白いままで、冠番組を持っていても漫才はずっとやり続けていて、どんどん芸も上向きになっていく……。中川家さんみたいに、劇場も常にはける存在になりたいとも思っていた。それを東京にいながら実現させたかった。

最初、僕は確かに「お笑いの本場は大阪や」と思って大阪に来た。

ただ、大阪は勉強するところというか、筋トレをさせてもらう場所だとも思っていた。ダウンタウンさんみたいに東京で売れている人は大阪から行っているっていうのもあったし、大阪でいろいろ学んで、そこからよきタイミングで東京に行こうっていうのがずっとあった。

タイミングは大事だとずっと思っていて、濱家とも「全国区の大会、二大メジャー大会のどっちかで勝ったら行こう」と話していた。

KOCの優勝がその、〝よき〟タイミングだった。

プラン通り満を持しての進出とはいえ、その先が何も決まっていない僕たちにとってはかなりハイリスク、ハイリターンな勝負だった。

当時、かまいたちは大阪で8本のレギュラー番組を持っていて、東京進出はそれらのほぼすべてを捨てることでもあった。当然、その分の収入はなくなる。ヘタしたら、若い頃のようにアルバイトをしなければ生活できない可能性もあった。すでに30代後半で家族がいるにもかかわらず。

でも僕にはもう、不安はなかった。

「かまいたちは、もう東京に進出していいステージにいる」と思えていたので。

僕はよく〝ステージ〟について考える（よくスピリチュアル寄りだと言われるが無宗教だ）。

思い返せば2006年のM-1で、かまいたちは中国人キャラの漫才コントで爆ウケして準決勝まで勝ち進み、あわや決勝進出か？　というところまで行った。

あのときは本当にウケた。ウケただけなら、確実に上位8組に入っていた。

しかし、決勝進出はならなかった。

当時僕たちは、「ウケたのに落ちた」と審査にブーブー言っていた（もちろん、陰でだけれど）。本当に納得できず、頭にきていた。

……でも、今なら思える「あのとき落ちてよかった」と。

当時の僕たちにはまだ、決勝のステージは早かったから。

もし決勝に進んでいたとして、ネタに関してだけ言えば『中国人キャラ』はそこそこウケて戦い抜けたかもしれない。M-1という舞台では戦えたかもしれない。だが、〝その後〟は絶対に無理だった。M-1ドリームをつかんだようで、逆に死ぬパターンだったはずだ。

僕の思うM-1ドリームは、まず優勝することではない。優勝はベストの形だが、優勝しなくともM-1ドリームはある。それをつかんだのが、オードリーさんや南海キャンディーズさんだと思う。まさにM-1ドリームの象徴のように思う。

ネタがフィーチャーされることにより、M-1後もいろいろなテレビ番組に呼んでもらい、そこで結果を出して爆売れする。これがM-1ドリームだ。

しかし、M-1ドリームは諸刃《もろは》の剣だ。

ヘタをすれば逆に売れるチャンスを永久になくすことにもなりかねない。

大事なのは、いろいろなテレビ番組に呼んでもらった際に、**結果を出すこと**。これだ。

テレビは、そこで結果を出せなければ基本それの1回で終わり。無名の若手がまた呼んでもらえることは、まあないだろう。

当時の武器は片言の日本語と銅鑼を鳴らすだけだった僕たちは、M-1ドリームでチャンスを得たとしても、ものにできていなかったはずだ。逆に中国人キャラに縛られ、ネタの幅は狭くなり、超イロモノ芸人として消えていっただろう。

絶対に。それもすぐに。自信を持って言える。

だから悔しまぎれなんかではなく、あのとき準決勝で落ちてよかったと思える。

いや、本当に「**落としてくれてありがとうございます**」です。

当時の僕たちは、M-1ドリームをものにできるステージにはいなかったと思う。

逆に、あのとき日の目を浴びなかったことで、僕たちはネタをがんばり、いろんなタイプのネタを考え、漫才の、そしてコントのクオリティを上げることができた。フィーチャーされなかったことで、中国人キャラにしがみつくこともなく、キャラを捨てる決断ができたのだ。

そして東京のテレビにも呼ばれることがなかったおかげ（?）で、しばらくは残ると決めた大阪でロケにたくさん行かせてもらえた。ロケは多いときで年間３００本以上のオンエアがあり、たった15分のＶＴＲを作るのに12時間くらいかけて撮影することもあった。

ディレクターが変すぎてパニックになりかけたり、魚釣りを27時間したり、船の上で寒すぎて凍死しそうになったり、無人島で蚊の大群に襲われたり、無人島で雨除けのない場所なのに嵐に遭って死にかけたり……。そりゃあもう、気が狂いそうになることもあった。

でもそれはすべて、かまいたちが今、そのステージにいるからやってきた仕事だと考えていた。僕たちのステージが上がれば、15分のＶＴＲに12時間ロケなどという状況もなくなるはず。今はステージを上がるための筋トレ中だと思ってがんばった。

おかげで、死ぬほどお笑い筋トレをさせてもらい、

僕たちのお笑い筋肉はムッキムキになっていった。

そんな経験を経て、僕たちは東京の荒波にもそこそこ耐えられる自信がついていた。

「ステージが上がっても必ず耐えられる」

そう確信していたので、レギュラーゼロでの東京進出もとくに怖くはなかった。

もちろん、簡単に東京で食べていけるとは思っていなかった。怖くはないが、苦戦する予感はめちゃくちゃしていた。

大阪ではテレビにかなり出ていて、街を歩けば指をさされ、写真やサイン、握手を求められる状態だったのに、東京ではほぼ無反応だ。マスクなし帽子なしで街を歩いても、見向きもされない、そんな状態だった。

誰も僕たちのことを知らない状態からの再スタート、苦戦の予感しまくるでしょ。あの千鳥さんたちでさえ最初は苦戦したと言っていたくらいだから、それなりに覚悟はできていたけれど、大阪と東京でまさかここまで違うとは。

実際、東京に来て改めて、東京と大阪との違いを意識するようになった。

大阪は芸人だけで作る番組が多いのだが、東京はタレントやアイドルや知識人や、いろんなジャンルの人たちと一緒に芸人が出ている。大阪はただボケ倒していれば、お互い拾って返すから、それでいい雰囲気があった。

でもこっちはそうじゃない。ボケるときとそうでないとき、ケースバイケースにしないと、めちゃくちゃ変な空気になってしまう。使い分けがいるのだと感じた。即興性も必要になる。

やはり、想像以上に難しい。

とはいえ、かまいたちの東京生活はまずまずのスタートを切れたと僕自身は思っている。

いろんな番組にゲストで呼んでもらい、それで終わりというわけではなく、再び声をかけてもらうこともあった。うん、当初の想定よりはるかによいすべり出しだ。

その上々のすべり出しを切れたのは、何を隠そう僕の師・千鳥のノブさんからのアドバイスのおかげである。

「東京ではヒット程度のボケでは生き残れない。ヒット打ちにいっても印象に残らないから、東京ではホームランだけ。フルスイングしてホームラン狙いにいかないとダメ。たとえ空振りしてもみんなそんなにいつまでも覚えていないから、また打席に立てる。

だから怖がらずにフルスイングすればいい。一番意味わからんのは、番組にただ出て、愛想笑いして終わるっていうパターン。それが一番仕事減っていくパターンやからね」

これは大きかった。

僕は東京に来てまずうまくやってやろうと思っていた。最初はちゃんとできるヤツらなんだという姿を見せたほうがよいと思っていた。だが、ノブさんのアドバイスは違った。

「**フルスイング、フルスイング！**」

最初、僕はこのアドバイスに若干戸惑っていたものの、先に経験したノブさんが言っているので間違いないと信じることにした。

そこから僕は、呼んでもらった番組では常にフルスイングを心がけた。フルスイングしすぎてとんでもないすべり方をすることも多かったが、気にせずフルスイングしまくった。濱家も今まで見たことのないようなフルスイングをするので、誰も救えないアウトもたくさんあったがとにかくフルスイングした。

結果、賛否両論はあるが僕たちは今、ここにいる。

結局自分のステージに合った行動をして、次のステージに行くにはどうしたらいいか考えるのが大事だと思っている。自分のいるステージを客観的に見極める。

これは、どの仕事においても大事だと思う。


これだけステージステージ言うてるだけあって、僕はステージの見極めには自信がある。

……2019年、僕たちにとってラストイヤーのM-1に出たいという濱家に対して「かまいたちはすでにM-1に出るステージよりも上に行ったのだから、出るべきではない」と断言したこと以外は。


余談だが、千鳥さんとの出会いは、僕が大学時代のときまでさかのぼる。20年近く前、奈良の大学生時代、テレビで『オールザッツ漫才』という番組を見て初めて知った(あれ、これは出会いとは言わない?)。それまでバラエティはダウンタウンさんの『ごっつええ感じ』くらいしか知らなかったから、僕の目にはものすごく新鮮に映った。

「へー、こいつらおもろいやん」(千鳥さん、ごめんなさい)

他人を面白いとほとんど思わない僕が、珍しく認める気になったのを覚えている。

その後、NSC時代か卒業後か記憶が定かではないが、僕が人生初のお笑いライブ観覧をした記念すべき日に出演していたのが千鳥さんたちだった。それより、芸人を目指していたくせに、そのとき初めて劇場に行ったということに驚かれるが。

もう、ノブさんのツッコミがめっちゃおもろくて、笑いっぱなしだった。

確かアンケートを読むようなライブやったんだけど、ノブさん、「ファンの子と連絡とってるみたいやって知り合いが言ってました」って読み上げられた。

ノブさんが、「誰や書いたヤツは、殺すからな」って言ってて、めちゃおもろいようて。書いたやつ殺すからな、ってずっと言ってて。

「この人たち、めっちゃおもろいな」と思った。

何が言いたいかというと、僕はこのとき千鳥の２人を見て「きっとこの人たちはくるぞ」という確信があった。そしてその通りになった。

「この人たちが売れなかったら、自分のお笑いの感覚がずれているんやろな」という僕の直感は間違っていなかった。

子どもの頃から己のお笑いセンスには確固たる自信があったものの、歴代の彼女たちにはずっと疑われ続けてきた僕だが、その感覚は正しかったと証明してくれた千鳥さんには感謝してもしきれない（ものすごく上から目線でごめんなさい）。

第15夜

これからのかまいたちと、山内の密かな野望を語る夜

エラいおっきい野望抱いてるにゃー。
そんなこと考えてるように見えないけどにゃー。
みんなのごはん代ちゃんと稼げるなら、
好きにしたらいいにゃー。

結局、優勝することはかなわなかったが、十分な達成感を抱いて僕たちはM-1を卒業した。賞レース自体も卒業だ。

ここまでスッキリした気持ちで卒業を決めることができたのは、やはり、2019年ラストイヤーのM-1が僕たちにとってめっちゃいい大会になったというのがあったと思う。

生意気を言うようだが、僕たちがラストイヤーに出場したことで多少話題や盛り上が

りが生まれて、長年ずっとお世話になってきたM-1スタッフさんの役に立てたらいいな、という気持ちは少しあった。その点、少しだが恩返しできた気もする。

まぁ結局、『ミルクボーイ』がどかーんといくための歯車のひとつではあったんですけど、僕たちがからんだことで、大会も盛り上がったなというのもあったんで、そこはよかったなと。

そして、賞レースを左右する〝運〟の存在や、M-1の醍醐味にも気づけたというか。言っておくが、ミルクボーイの優勝にまったく異議はない。あの日、ミルクボーイがめちゃめちゃウケていたのは明らかな事実だ。

そのうえで言うのだけれど**『優勝は運』だ**。

あそこまでいくと〝運〟。正直、ファイナリストになった10組は、その時点で誰が優勝してもおかしくないところにいた。そこから誰がハマるか——。めっちゃ運のいいヤツに尽きる。

僕たちがKOCで優勝したときも、1本めの告白の練習のネタは、まぁ、1位か2位で通過できる自信はあった。どこでやってもウケるし、ある程度の笑いが見込めるっていうのがめっちゃ計算できるネタだった。

だが、2本目の『ウエットスーツ』ネタは、ハマるハマらないの境目がめっちゃあった。大会直前に出演した劇場出番では、トップ出番でやったら大すべりしていた。だからあまりいいイメージを持てないままだったが、KOCではなぜか違った。

実際、序盤1分半から2分くらいは、そこまで笑いは起こっていなかった。しかし、後半にほんまラッキーな神様が降りてきて、ウケ出したのだ。

あのときは、『さらば青春の光』が僕たちの前の出演順で、めっちゃいいネタでウケていたのだが、なぜか僕たちの出番に神様は降りてきた。

あそこで神様が降りてこなかったら、さらばが優勝する流れだったと思う。

……つまり、ネタのおもろさともまた違う何かが、会場を支配するということ。前の演者がつくった流れとか、逆にそのあとだとか。

スポーツとも似ている部分があって、出番順はかなり重要だ。

それを含めた〝一発の恐ろしさ〟もM‐1の醍醐味ではあるのだけれど。

ミルクは、一発ハマれば優勝できるというM‐1の面白さでもあり、厳しさでもあるところを見せてくれた。そして、ドハマりのほうを引き当てたのだ。

「そうそう、これがあんのよ」って思いながら、僕はステージの袖で彼らの演技を見ていた。

あとからコメントもしたが、笑いの神様が降りてきたミルクボーイに、僕たちは素手で戦ってた気分だった。最後の最後に、そういう目に見えない力が働く流れを体感し、いい経験ができたと思う。優勝できなかったが、僕も濱家も大きな達成感であふれていた（本当のところ、濱家の声が出てほっとしたからかもしれないが）。

とにかく、このM‐1卒業を機に、僕たちは新たなステージに進んだ。

これからのかまいたちは、賞レースで勝ち抜くためではなく、純粋に自分たちの笑いを求めていける。今までは、基本どのネタも賞レースで使えるものが絶対条件になってきていたが、そこまでポンポンボケを取るようなネタじゃなくてもいいわけだ。

〝時間〟も大きい。4分や5分という時間制限に縛られず、20分だろうが30分だろうが、おもろければどんな見せ方でもいい。ものすごく選択肢が広がった気がしている。

今後は、「いつまでも同じネタやってる人たち」って思われるのはイヤなんで、新しいものも作りつつ、他の方法でも笑いを表現したいというのはある。

芸人を志したあたりが0で、最終ステージが10だとしたら今は6。半分よりようやく上に進んだ。ちなみに、僕の思うステージ10は、ゴールデンのMCが3本、1本のギャラが300万、稼働は月に10日ほど。東京で結果を出して金看板を背負った僕たちは、再び大阪に戻り、自分たちのやりたいペースで仕事をしている。貯金は10億くらいかな。

僕ももう40代になるわけなので、早くステージ10にいってもらわないと困る。当初のプランでは今ステージ9にいたはずなので、かなり遅れをとっている。

そのためにはまず、今いるステージ6を勝ち抜いていかなければならない。雛壇《ひなだん》であったり、ロケであったり、そしてYouTubeであったりだ。

今までバトルバトルしてきた僕たちにとって、目に見えるバトルができるYouTu

beは、かなりハマる気がしている。動画アップすれば再生回数が出る、面白ければチャンネル登録者数も増える。数字で結果が出て非常にわかりやすい評価は、ものすごく刺激になる。

超熾烈《しれつ》なバトルの場だが、そこに入って結果を出したいと思っている。


また、レギュラーではないが単発でMCの仕事をさせてもらったり、CMにも出演させてもらったりと、今までの無人島に丸一日行くロケとは明らかに仕事内容が変わってきている。これはさらなるステージチェンジの兆候だ。変化を大事に、このステージにいても違和感のない芸人になれるようにがんばらなければならない。

ステージは上には一段ずつしか上がれないのに、落ちるときは数段一気に落ちていくので。


ただ、結果を出さないといけないという緊張感で萎縮《いしゅく》するよりも、ぶん回して大すべりするほうがいいと思えるので、今の状況はまったく苦ではない。

むしろすべったときに、「期待するほうが悪いんですよ」と思っている。

常勝のお笑いはないと思う、でも守備に回ってお笑いをしていても面白くないので、攻めて攻めて前のめりにすべりたいと思っている。

かまいたちとしてではなく、山内健司個人としても目標がある。

それは……

俳優としてドラマや映画に出ること。

僕的には『半沢直樹』あたりに出て話題をさらったあと、連続ドラマに出て、映画にも出て、ハリウッド作品にも奇跡的に出られたらいいなと思っている。壮大な人生プランだ。

実は映画には出たことがある。山田孝之さん主演の『指輪をはめたい』という作品。なぜ僕にオファーが来たのかわからず、最初はドッキリかなと思ったくらいだ。で、いい人すぎて終始くまのプーさんみたいなしゃべり方になっている人を演じた。

それ以来、〝**まったく呼ばれなくなった**〟ので気にはなっている。

僕は『SPEC』や『ケイゾク』シリーズの世界観が好きで、ああいう作品に出られたらな、と思っている。コメディーではないけれど、ちょいおもろ要素が入っているキャラクターで。

よく、肌がつっぱっていて怖いとか、サイコパス顔と言われるのだが、殺人鬼役でもまったく構わない。……ただ、僕は人の書いたセリフを覚えるのがめちゃくちゃ苦手なので、もしオファーをもらったら他の仕事をいったんストップして集中して挑むつもりだ。

その間、濱家にはマジックで食い繋いでいてもらいたい。

将来、俳優……、大物俳優になる準備も兼ねて、これからは見た目にも気をつけようと思っている。言われている通り、テレビは実物よりも太って見える。ポッチャリしたイメージがあるアイドルの子も、実物はみんなすごく細くて可愛い。

僕も、「実際会ったらそこまで太っていないですね」とか「小さく見えたけど、小柄ってわけではないんですね」とよく言われる。濱家が高すぎるから、そう見えるのはよくわかるけれど。

まぁ、顔のあたりの肉は「ココいらんな」と思うので、少しシュッとさせたいとは思う。

今はいいお医者さんもいるので、多少顔が変わってもそれはそれでいいのかなとも。

今後の予定について書いておく。

今はステージ6の僕たちだが、あと5年以内にはピークにいたい。つまりステージ10だ。

で、10年以内にはもう田舎に帰っていたい。いいオファーがあれば俳優の仕事はするけれど、芸人としてはあと10年で引退して猫たちと余生をゆっくり過ごしたい。

濱家もあと10年経ったら大阪に戻って、週1、2の稼働で過ごしたいと言っていた。

いずれにしても、ブレイクしてステージが上がれば、面倒くさいことは全部なくなっていく。
ちょっと前にやった『村上マヨネーズ』[※1]のロケ……、可愛い女の子が自分の部屋に人形を隠して、それを僕たちが見つけられたら僕たちの勝ち、見つけられなかったら女の子の勝ちで3万もらえるという企画があって、ほぼ下着とかをあさるロケは最高に楽しかった。

あのロケ以外のことは、もうやらなくてもいいかまいたちになっていたい。

※1【村上マヨネーズ】
関ジャニ∞の村上信五とブラックマヨネーズ（小杉竜一・吉田敬）の3人が、世の様々なことにツッコんでいくバラエティ番組『村上マヨネーズのツッコませて頂きます！』の略称。関西テレビ（一部フジテレビ系列）にて放送中。

第15.5夜

猫と犬とともに、もの思いにふける夜

最後のM-1グランプリのあとは、めちゃくちゃ売れたにゃー。

ってか、当時は本人が思ってる数倍売れてなかったにゃー。

だって今はレギュラーが10本以上あるにゃー。

本当に山内は濱家さんの言うこと聞いてよかったにゃー。


あれから3年——。

世界は、のちのち教科書にも載るであろう大きな出来事を経験した。

多くのことが「その前」か「その後」かで語られる機会が増えたが、かまいたちにとっても、僕にとってもコロナ禍の影響は大きかった。

そもそも『寝苦しい夜の猫』だって、コロナがなければ発売されていなかったかもしれない。書籍の打ち合わせが始まったあたりから、まさに分刻みのスケジュールで動くようになった僕は、なかなか原稿に手をつけられずにいた。あのままいけば、たぶんまだ「忙しいから」と書き終わっていなかったはずだ。

だが、事態は急変。コロナ禍の様々な制限のせいで、1か月以上まるまる家で過ごさざるを得なくなって、ようやく「書いてみようかな」と思えるようになったのだ。

仕事面では、ライブやロケの仕事がなくなったが、YouTubeがあったので、YouTubeをあげることだけは続けていた。それが結果的に、今のYouTubeのチャンネル登録者数にも繋がってると思う。

自粛期間中、みんながこぞってYouTubeを観るようになり、いろんな芸人も配信を始めたのだけれど、それよりほんのちょっと前に始めた僕たちは、ものすごくいいタイミングで新規視聴者の初動をつかむことができたのだ。これでかまいたちの認知度は相当に広まった。いい波に乗れたというか、いい感じに転がってくれた気がする。ちなみに2023年現在の登録数は200万人を超えている。始めたときには考えられない、ウソみたいな数字だ。

「その後」になってからは、MCを務めるレギュラー番組が10本を超えた。冠番組も、特別番組を含めると芸人の中ではたぶん一番多いはずだ。CMの契約本数も両手で数えても足りなくなっている。前の章で語ったプランを今改めて検証するならば、かまいたちとしてはそこそこ結果を出せたと言えるんじゃないかと。

……ただし、俳優・山内健司の状況はかなり危うい。ニノさん主演の映画[※1]『TANG(タング)』に濱家とセットで出演させてもらえたのだが、改めて演技のヘタさを実感した。念願の狂気じみた男の役で、監督からは「その目がいい」と結構期待もされ、出演シーンもセリフも割と多かったのだが、公開されてからは僕の演技はまったく話題にならなかった……。以後、オファーも途絶えたままだ。「待ってました!」とばかりに本気で臨んだというのに、この結果。

一応、これで2本の映画(もう1本についてはP234参照)に出演したわけだが、自分のプロフィールに「俳優」と入れていいのか悩むところだ。もちろん、今後もあきらめず、俳優業をまい進するつもりではある。

かまいたちの話に戻そう。長らくライブから離れていた僕たちだが、2021年の9月に2年ぶりの単独ライブ[※2]を開催することになった。会場でも配信でも楽しめる形を取り、とくにオンラインでは、視聴者がカメラの視点を自分で選べるようなスタイルになっている。しかも、ネタは漫才・コントともにオール新作。

……とうたってしまったわけだから、僕にとってはかなりのプレッシャーだ。演出や細かい部分は濱家にかなり任せて僕はネタ作りに集中した。せっかく最新の設備が揃った劇場でやるから、その劇場でしかできないネタをしたいと思っていたので、そのあたりがただネタを作るだけでないので難しかった。

しかし、実際にライブが始まったら、ものすごく楽しかった。久々にお客さんの前で新ネタを披露し、緊張とかもあいまってあっという間に時間が過ぎていった。今まで見たことのないくらいの台数のカメラで撮影しながら、配信しながらのライブ。なんだかもう新しい時代が来ているんだなと感じたし、コロナがなかったらこの空間、この瞬間はたぶん生まれていないだろうな、と僕は思っていた。

結局このライブ配信のチケット販売数は1万8000を突破し、当時の吉本興業主催のオンラインライブ史上、最高販売数達成となった。

これでは僕は満足していたのに、またまた飽くなき欲望をもつ濱家が、後日とんでもないことを言い出した……。

「武道館でライブしてみたい」

一瞬「めちゃくちゃなこと言い出してるやん」と、たじろいだけれど、ビビってると思われたくないから平気な顔で「はい、いいんちゃう」って答えた。確か、だいぶ前に松本さんがライブや公開録音をしたのは知っているが、お笑いと武道館はあまりなじみのないイメージだ。でも、やれるのならやってみたい。そう素直に思えた。

とはいえ、武道館は結構人を選ぶというか、だれもかれもができる場所ではないと思っていたから、もしかしたら武道館側から断られるかもしれない、そうなったら新ネタ作らずにすむからゆっくりできるなぁ……とかも考えたりした。

……が、武道館側から、意外にあっさりとＯＫが出た。

こうして、プランを練る日々が始まった。

「12月までにはネタを完成させて、残りの1か月で細かいところを詰めていこう」というスケジュールはあっという間に崩れ、ネタが完成したのはなんと1週間前だった。ネタをしっかり完成させねばと思いながらも、がっつり正月休みを取っていたのでまぁ仕方ないという感じだった。

ネタがギリギリで、とにかく披露できたらいいかなくらいギリギリだったが、濱家は細部までこだわって、とにかくこだわって演出しきったのだからすごいと思う。このライブで濱家のプロデュース能力の高さを改めて感じた。すごい。なんでネタが書けないんだろう。ネタも書けたら全部まかせられるのに。

武道館でライブということでいつにも増してチケットの売り上げ枚数が2人とも気になっていた。

「売れなかったらどうしよう」

「ガラガラの武道館ライブなんてカッコ悪すぎる」

その不安がずっとあった。濱家は異常な回数、マネージャーに「いま何枚？」と聞いていた。その都度調べて答えていたけれど、樺澤はしつこいなぁと思ってるやろなぁと思いながら僕はグループＬＩＮＥを見ていた。

まぁ、今までせいぜい、２０００席くらいのキャパでのライブしか経験がなかった僕たちが、急に1万人近い規模に挑戦するわけだから、不安になるのも当然だ。配信ライブと違って、この武道館ライブはわざわざ日にちを合わせて会場にやってきてくれるわけだからまた状況が違う。僕も、当日ガラガラだったらどうしようという重苦しい気持ちは過去最高にあった。こんな重圧は初めてだ。だから、かなり早い段階で売り切れたとニュースで知って、「よかった～」と胸をなでおろしたのはよく覚えている。

２０２３年2月2日、武道館のライブ[※3]は無事終わり、うれしいことに大盛況だった。当日、朝8時には武道館入りしていた僕たちは、早い時間から会場に足を運んでくれた大勢のファンの姿をしっかり見ていた。

その中には僕の父親の一行も含まれている。一度は武道館に来てみたかったらしい。普通にチケットが取れなかったと言われたので招待券を送ったら、父の兄弟３人でやってきた。会場では、「山内さんのお父様ですか？」と次々に声をかけられ、100枚近く記念撮影に応じたという。相変わらず僕のグッズを勝手に作り、あちこちに配っているようだ。母親は当然だが来ていない。母も相変わらず自分の道を突き進んでいる。それでいい。

ファンの姿を直接見たことで、「絶対満足して帰ってもらわないと」という思いはますます強まり、それがいいライブに繋がった気がする。同時に、やはり「生」のライブはいいなと感じたひとときだった。これからも単独ライブは定期的にやりたいし、武道館みたいにちょっと変わった場所で、変わったこともできたらいいなと思っている。

ステージに立っているときはいつものライブと同じ感覚だったけれど、あとからミュージシャンのライブ映像なんかを見て、「俺ら、すごい場所でやったんやな」と感慨深くなったりもした。緊張してワーッと飲み込まれずにすんだのも、番組の企画で、LUNA SEAさんの武道館ライブにゲストでちらっと出させてもらって、なんとなく空気感をつかめていたおかげだと思う。

唯一失敗したのは、販売用のグッズの数が全然足りなかったことだ。スタッフ陣も僕たちのグッズがそこまで売れると思わず、あまり頼まなかったという……。

おい、信じろよ、かまいたちを信じろよ。

一番早く売り切れたのは、「アクリルスタンド」だったという。原価も安いので利益も高い。惜しいことをした。

ここらで濱家の話もしておこう。僕たちの関係性は、あれから何も変わっていない。武道館の打ち上げでも、確か「ほんま、よかった」くらいしか話していない。

ただ、今年に入ってから濱家の尿酸値が異常な数値を示していて、そこだけは心配している。前と違って薬はちゃんと飲んでいて万全にしていると言うけれど、明らかに体調が悪そうだ。僕ならすぐに休むレベルなのに、濱家は絶対に休もうとしない。

休め。

この間も、食あたりで体調が悪いのに『かまいたちの掟』の収録に飛行機に乗って島根まで来た。移動中もずっと嘔吐と下痢を繰り返し、結局動けなくなって島根から東京に帰るはめになっていた。僕なら最初から絶対行かないのに、あいつはどうして無理をしてでも行こうとするのか、不思議で仕方ない。

とにかく健康でがんばってほしい。健康で働きまくってほしい。なぜなら、濱家だけがソロで働く日は僕が休めるからだ。たまに、コンビの場合、ソロの仕事が増えた相手に嫉妬するケースもあると聞くが、もっと休みが欲しい僕としては、濱家にはどんどん働いてほしい。そのためにもどうか健康でいてほしい。

ところで「休み」と言えば、コロナ「その後」に僕らの状況が一番変わったと思えたのは、まさに「休み」に関してだ。最初に『寝苦しい夜の猫』の企画が動き出した頃、僕たちは猛烈に忙しかった。いろんな番組にゲストで呼んでもらって1日3～4本収録なんていうのはザラで、早朝から深夜まで移動と収録を繰り返す毎日だった。

当時、本人たちはめちゃくちゃ売れていて、今最高峰にいますくらいのテンションでいたのだけれど、今から思えば、全然売れてなんかいなかった。

今、僕たちは出演する番組のほとんどがレギュラーだ。ここで1日2本まとめて収録してしまえば、しばらくは休みにできる。移動に時間を費やすこともないから、とくに大変ではない。数をこなしながらも露出は少なかったあの頃に比べ、今は露出を増やしながらも効率的に仕事をこなせるというわけだ。つまり芸人は、売れれば売れるほど忙しくなくなるのだ。

とくに年末年始に長期で休めるのは、売れっ子の証と言える。僕も昨年、芸人になって初めて正月休みを取らせてもらった。ちなみにこの夏も、『27時間テレビ』のあと実は10日間くらい休みをもらった。その間も、僕は結構テレビに映っていたけれど。

こんなに融通が利くのは、僕の理論でいうとだいぶ売れているということになる。2020年当時、あの程度で浮かれていた僕に、「調子に乗るな、まだ全然売れてないから」と言ってやりたい。

さらに数年後、今の僕に「**まだまだだから**」と言ってやりたい自分でいられたらいいな、と思う。

「もっと休みが欲しい」理由は、やはり子どもたちとの時間が欲しいことに尽きる。長男は5歳、コロナ禍に生まれた次男も、もう1歳半だ。つくづく早い。先輩方からも、子どもはあっという間に大きくなって、あとから時間をとっても、もうそのときは親よりも友達と遊びたがると聞いて、やっぱり今一緒に過ごしておきたいと思うようになったのだ。

ここは僕の中でも大きな変化だなと思う。この数年の間に、僕は2人の男の子の父親になり、家を買って、ダイエットもして、コロナに2回かかって、肩の手術もした。

そして、愛猫のチャイ、のび太、モカの旅立ちを見送った。ちなみに闘病を続けていたモカは、まだ若いにゃんじから細胞の提供を受け、あと3か月もつか厳しいと言われていた寿命を2年半も伸ばしてがんばってくれた。悲しかったけれど、希望をもてた経験だった。

しばらくして、豆柴のむぎを新たに迎えた。テレビ番組で共演し、あまりのかわいさにそのまま連れて帰ることにしたのだ。うれしいことも、辛いこともそれぞれ経験して、ものの見方も変わったのかもしれない。

今は妻と子ども2人、そしてにゃんじ、がぶの猫2匹と犬1匹で暮らしている。「ちょっと前まで他に猫が3匹もいたんだな」と思うと少し切なくなる。だからこそ、僕はペットを含む家族を今まで以上に大切にしたいと思う。ちなみに今後、猫、もしくは犬が増えるかは、今のところまったくわからない。

最後にステージについて話そうと思う。2020年当時、僕はかまいたちがステージ6にいると書いた（P232参照）。今現在はというとステージ9だ。実際、やりたいことはどんどん実現できるようになって、ピークが近づいているのも感じている。その証として、仕事の稼働時間が減って休みが増えている。いい兆候だ。引退できるステージ10まであと1歩。

……ただし、そこにたどり着くまでには相当かかりそうだ。なぜって、昨今のギャラ事情は非常に厳しい。貯金10億なんて夢のまた夢だ。

仕方ない、あと20年はこのまま行くしかないみたいだ。

※1【『TANG（タング）』】
2022年8月に公開された二宮和也主演、三木孝浩監督の映画作品。山内は、迷子になったロボット・タングを追う謎の構成員役・小出光夫を演じた。

※2【単独ライブ2021「on the way」】
2021年9月25日に開催されたかまいたちの最新ネタを楽しめる1回限りのスペシャルなライブ。吉本興業主催のオンラインイベントの過去最高券売を更新し、歴代1位となった。

※3【かまいたち単独ライブin武道館「DESIRE」】
2023年2月2日、かまいたち結成20周年記念に8500人の観客を集めて日本武道館で開催。マネージャー・樺澤まどかもオープニングで歌と踊りを披露した。過去に山内が起こした「フリーズ事件」のVTRが流され山内が恥ずかしがる見せ場もあった。

おわりにゃ

はぁー。

すべて吐き出したにゃー。

普段吐き出すのは毛玉だけだけどにゃー。

あんまり山内は語らないから代わりに、吾輩が語ったけど、どうだったにゃ???

山内はあんな感じにゃ。なんや言われてるけど、普通の猫好きの芸人にゃ。

吾輩は山内と一緒になったから死ぬまで山内と暮らすにゃ。しっかり稼いでいいもの食べさせてもらわないと困るから、みんな山内を応援してあげてにゃー。

ちなみに余談だけどにゃ、吾輩は医者からあと3キロ痩《や》せなさい言われてるにゃ。

でも吾輩は止まらないにゃ。山内が止めても吾輩は隠れてみんなのを食べるにゃ。機動力はまだ健在にゃ。

この機動力を活かして、また山内の情報集めとくから、みんなまた会おうにゃ――。

さよならにゃ――。

バイバイにゃ――。

2020年12月吉日　にゃんじ

文庫のおわりにゃ

最後は本当に加速度的に変化が起きた2、3年だったにゃー。

このまま上に突き抜けて、うちらが一生ごはん困らないように稼いでほしいにゃー。

吾輩も、がぶも、むぎもがんばって長生きして、山内の最後を見届けたいにゃー。

2023年9月吉日　にゃんじ

本書は2020年12月に発売された『寝苦しい夜の猫』に加筆修正し、文庫化したものです。

装丁	ヤマシタツトム
イラスト	小澤尚美
校正	くすのき舎
DTP制作	ビュロー平林
協力	井澤元清、田中裕樹、小林果奈（吉本興業） 樺澤まどか

寝苦しい夜の猫

発行日　二〇二三年十月十日　初版第1刷発行
著　者　山内健司
発行者　小池英彦
発行所　株式会社　扶桑社
〒105-8070
東京都港区芝浦1-1-1 浜松町ビルディング
電話　03-6368-8870（編　集）
03-6368-8891（郵便室）
www.fusosha.co.jp
印刷・製本　中央精版印刷　株式会社

Printed in Japan
ISBN 978-4-594-09598-7